헤르만 헤세,
내게 손을 내밀다

헤르만 헤세(Hermann Hesse, 1877~1962)
헤세는 독일을 대표하는 소설가이자 시인으로 전 세계인의 사랑을 받고 있다. 독실한 기독교 선교사의 아들로 태어났으나 경건한 부모의 교리에 반항하며 7개월 만에 신학교를 자퇴했다. 작가가 되기 위해, 혹은 아무것도 되지 않기 위해 자유로운 생활을 시도하며 시계 공장과 서점에서 일하기도 했다. 이러한 방황은 그의 작품 세계에 영향을 미쳤고, 인간의 본질과 진정한 자신을 찾는 것이 그가 평생 동안 다룬 주제가 되었다. 그의 작품에는 인간성이 소외되는 현대 문명과 전쟁에 대한 비판과 그것을 견뎌내는 인간에 대한 끝없는 믿음과 사랑이 담겨 있다. 그는 현실주의자이면서 이상주의자이고, 내향적이면서도 세상에 개방적이고, 종교적이기는 하지만 초교파적인 양면성 속에서 조화와 합일을 지향한다. 만년에는 인도의 불교 철학과 공자, 노자의 도덕경에 심취하기도 했다. 1946년 노벨 문학상과 괴테상을 수상하였다.
처녀 시집 《낭만적인 노래》가 세상에 나온 이후 《페터 카멘친트》《수레바퀴 밑에서》《크눌프》《데미안》《나르치스와 골드문트》《유리알 유희》 등 주옥 같은 작품을 발표하였다.

편집자 · 폴커 미헬스(Volker Michels, 1943~)
1962년 슐로스 잘렘 김나지움에서 아비투어를 취득하고, 프라이부르크와 마인츠 대학에서 의학과 심리학을 전공했다. 1970년부터 독문학 강사 생활을 하면서 주어캄프와 인젤 출판사에서 여러 작가들의 작품을 출판하고 편집하는 일을 맡았다. 특히 헤르만 헤세의 유고집, 편지, 정치와 문화를 비판하는 저서를 출판하는 일에 헌신하여 20권으로 된 최초의 헤세 전집을 발간하는 일을 맡았다. 그 외에 로버트 발저나 슈테판 츠바이크 등의 작품을 출판하는 일을 하면서, 18세기에서 현대에까지 이르는 작가의 작품을 100권 이상 발간했다. 1990년에 헤세의 고향 칼브에 대형 박물관을 건립하는 일을 담당했다.

Hesse für Gestreßte by Hermann Hesse
(edited by Volker Michels)

All rights reserved by the proprietor throughout the world
in the case of brief quotations embodied in critical articles or reviews.
Korean Translation Copyright©2007 by Haneuljae Publishig Co., Seoul
Copyright©1999 by Insel Verlag Frankfurt am Main and Leipzig
This Korean edition was published by arrangement with
Suhrkamp Verlag Frankfurt am Main through Bestun Korea Agency Co., Seoul

이 책의 한국어판 저작권은 베스툰 코리아 에이전시를 통해
저작권자와의 독점 계약으로 도서출판 하늘재에 있습니다. 저작권법에 의해
한국 내에서 보호를 받는 저작물이므로 무단 전재와 무단 복제를 금합니다.

영혼을 울리는 치유의 메시지

헤르만 헤세,
내게 손을 내밀다

헤르만 헤세 지음 | 폴커 미헬스 엮음
홍성광 옮김 | 최영주 그림

하늘재

옮긴이 · 홍성광

삼척 출생. 부산고, 서울대학교 독문과 대학원 졸업. 토마스 만의 장편소설 《마의 산》으로 학위를 받았다. 역서로는 헤르만 헤세의 《싯다르타》, 미카엘 엔데의 《마법의 술》, 하이네의 《독일, 겨울동화》, 《고리키》, 《도스토예프스키》, 토마스 만의 《부덴브로크 가의 사람들》, 《철학의 정원》, 레마르크의 《서부전선 이상 없다》, 토마스 만의 《베네치아에서의 죽음》 등이 있다.
현재 전문 번역가로 활동 중이다.

그림 · 최영주

홍익대학교 미술대학, 런던 캠버웰 컬리지 오브 아트 대학원 북아트 졸업. 《옥이야 진메야》 《반달곰 들메》 《지금쯤》 《뒤뜰에 장미가 피었습니다》 등에 그림을 그렸다. 현재 책 만드는 작업을 하며 숙명여대 등에서 강의하고 있다. 이 책의 편집과 표지 디자인, 일러스트레이션을 맡았다.

헤르만 헤세, 내게 손을 내밀다

지은이 | 헤르만 헤세
엮은이 | 폴커 미헬스

펴낸이 | 조현주
펴낸곳 | 도서출판 하늘재

표지와 그림 | 최영주
편집 | 한정원

1판 1쇄 찍은날 | 2007년 9월 15일
1판 1쇄 펴낸날 | 2007년 9월 20일

등록 | 1999년 2월 5일 제20-140호
주소 | 서울시 마포구 서교동 394-25 동양트레벨 1304호
전화 | (02)324-2864
팩스 | (02)325-2864
E-mail | haneuljae@hanmail.net

ISBN 978-89-90229-17-5 03850

값 9,500원

잘못된 책은 바꾸어 드립니다.

차례___

1. 눈에 보이는 모든 것은 표현이다 · 인간과 자연에 관하여 8
2. 이성과 마술이 하나가 되는 지점 · 예술과 문화에 관하여 36
3. 살아 있는 것은 되어가는 과정이다 · 인격의 발전을 위하여 60
4. 영혼의 지혜에 대한 복종 · 우리 내부의 현실에 관하여 86
5. 행복은 대상이 아니라 재능이다 · 기쁨, 행복, 명랑함과 유머에 관하여 112
6. 무언가를 사랑할 수 있다는 것은 얼마나 큰 축복인가
   · 삶의 의미로서의 헌신에 관하여 142
7. 대립을 넘어서 · 고찰과 몰입에 관하여 160

■ 인용된 문헌 및 원전 · 187
■ 편집자의 글 · 189
■ 옮긴이의 글 · 198
■ 헤르만 헤세 연보 · 203

눈에 보이는 모든 것은 표현이다

인간과 자연에 관하여

눈에 보이는 모든 것은 표현이다. 모든 자연은 상(像)이고, 언어이며, 채색된 문자다. 오늘날 자연과학이 고도로 발달했음에도 불구하고 우리는 사물을 보는 훈련이 제대로 되어 있지 않아서 오히려 자연과 힘겹게 씨름하고 있다. 다른 시대, 어쩌면 기술과 공업으로 지구를 정복하기 이전의 모든 시대에 사람들은 자연의 마적인 표정을 느끼고 이해했으며, 우리보다 더 단순하고 순수하게 이러한 표정을 읽는 법을 터득했는지 모른다. 이것은 결코 감상적인 이해가 아니다. 인간이 자연을 감상적으로 대한 것은 비교적 근래의 일이다. 그러니까 어쩌면 우리가 자연에 대해 양심의 가책을 느끼면서부터 자연을 감상적으로 대하게 되었는지도 모른다.

... 조그만 기쁨

우리는 육체뿐만 아니라 우리의 존재 자체가 자연과 관계 있으며 자연에 포함되어 있다고 느껴야 한다. 그럴 때에야 비로소 우리는 자연과 현실적인 관계를 맺게 된다.

... 빈둥거림의 기술

너무 아름다운 게 있어

세상엔 너무 아름다운 게 있어,
허나 그것으로 결코 충분히 생기를 얻을 순 없지,
그대에게 늘 신의를 지키는 그것을
그대는 늘 새로이 바라본다.

알프스 산마루의 시선
푸른 바다에 난 잔잔한 오솔길
바위 위를 솟구쳐 흐르는 시냇물
어둠 속에서 노래하는 새.

꿈을 꾸면서 웃는 아이
겨울 밤에 반짝이는 별
고원 목장과 만년설에 둘러싸인
맑은 호수의 저녁 노을.

거리 울타리에서 들려오는 노래
나그네와 나누는 인사

어린 시절에 대한 추억
언제나 잊혀지지 않는 생생한 아픔.

그 애타는 고통은 밤새
좁아진 그대의 마음을 넓혀준다,
그리고 별들 너머에 아름답고 희미하게
그대에게 향수의 나라를 지어준다.

                                            ... 시, 1902

우리가 보는 사물은 우리 안에 있는 것과 같은 것이다. 우리 마음속의 현실과 다른 현실은 존재하지 않는다. 그러므로 자기 바깥에 있는 영상을 현실이라고 여기고 자기 마음속 세계에 좀처럼 말을 걸지 않는 대다수 사람들의 삶은 비현실적이다. 그래야 사람들은 행복하게 살아갈 수 있다. 그러나 다른 것을 아는 이들은 더 이상 대다수 사람들이 가는 길을 선택하지 않는다. ... 데미안, 전집 5

우리는 이전 세대 사람들이 자연과 좀더 소박한 관계를 유지했던 것에 대해 때로 비통함, 그러니까 질투심을 느낀다. 그러나 우리는 우리 시대를 진지하게 대하려고 하지 않는다. 그래서 가령 지혜에 이르는 가장 단순한 방법을 대학에서 가르치지 않는 것에 대해, 그러니까 그곳에서 경이로움 대신에 그와는 정반대의 것을 가르치는 데 대해 안타깝게 생각하려 하지 않는다.

그곳에서는 황홀함 대신에 셈과 측정을, 매혹 대신에 냉정함을, 하나와 전체가 이끌리는 것 대신에 떨어져 나간 개별적인 것에 집요하게 매달리는 것을 가르친다. 그러므로 이러한 대학은 지혜의 전당이 아니라 지식의 전당인 셈이다. 하지만 그래도 사실 대학은 암암리에 대학에서 가르칠 수 없는 것, 즉 체험할 수 있는 능력, 사로잡힐 수 있는 능력, 괴테처럼 사물을 놀라운 시선으로 바라보는 능력을 전제로 한다. 그리고 대학의 최고 지성들은 괴테와 같은 인물에 이르는 단계를 가장 고상한 목표라고 알고 있다.   ... 조그만 기쁨

정신과 예술의 재능 말고 자연의 재능이야말로 심각한 상황에서 우리를 궁지에 빠뜨리지 않는 유일한 재능입니다.

... 1940년경의 미공개 편지

우리의 가슴은 원초적인 것과 영원해 보이는 것을 사랑에 가득 찬 마음으로 순순히 받아들인다. 우리의 가슴은 파도처럼 규칙적으로 고동치고, 바람과 함께 호흡하고, 구름이나 새들과 함께 날아가고, 빛이며 색이며 음의 아름다움에 사랑과 고마움을 느낀다. 우리는 우리의 가슴이 이러한 빛과 색, 음에 속한다는 것을 알고 있으며, 이런 것들로 변해 있음을 알고 있다. 그렇지만 우리의 가슴은 영원한 땅이나 영원한 하늘로부터, 작은 것을 대하는 커다란 것의, 어린아이를 대하는 노인의, 일시적인 것을 대하는 지속적인 것의

냉정하고, 반쯤은 조소적인 시선과 다른 대답을 결코 얻지 못한다.

반항심에든 겸손한 마음에서든, 자부심에든 절망감에서든 간에 우리가 침묵에 언어를, 영원한 것에 일시적이고 소멸하는 것을 대치시킬 때까지, 그리고 하찮고 덧없다는 감정이, 가장 부족하지만 사랑할 능력이 있고, 가장 어리지만 가장 깨어 있고, 가장 타락했지만 가장 고통을 참을 줄 아는 땅의 아들인 인간의 절망적일 뿐만 아니라 자랑스러운 감정이 될 때까지 말이다.

그런데 보라, 우리의 무력함이 터져 나왔다. 우리는 우리의 위대함을 땅의 위대함에, 우리의 덧없음을 땅의 지속성에, 죽음에 대한 우리의 지식을 땅의 영원함에, 사랑할 줄 알고 고통을 견디는 우리 마음을 땅의 냉담함에 대치시킨다.　　　　　..... 후기의 산문, 전집 8

활짝 핀 꽃들

활짝 꽃 핀 복숭아나무
꽃마다 열매로 영글지는 않지만,
장미처럼 밝게 반짝이누나,
푸른 하늘과 두둥실 떠가는 구름 사이로.

꽃처럼 피어나누나,
하루에도 수백 가지 생각이.
피게 하렴! 그냥 되는 대로 놔두렴!
수확일랑 묻지 말고!

놀이도 순진무구함도 필요하고,
그리고 꽃들도 흐드러지게 피어야지,
그렇지 않으면 세상은 우리에게 너무 작을지도 몰라,
그리고 사는 낙도 없겠지.

... 시집, 1977

우리는 육체뿐만 아니라 우리의 존재 자체가 자연과 관계 있으며 자연에 포함되어 있다고 느껴야 한다. 그럴 때에야 비로소 우리는 자연과 현실적인 관계를 맺게 된다.

이를테면 '그림 같은' 자연을 즐기는 것만으로는 뭔가 부족하고 일면적이다. 이는 오로지 눈에 보이는 시각에만 의존하고 있기 때문이다. 하지만 야외에서 거닐거나 머물 때 가장 강렬하고도 독특한 인상은 눈에 보이는 것이 아닌 경우가 허다하다. 귀뚜라미 소리, 새들의 합창, 바다의 포효, 바람 소리처럼 귀로 들을 수 있는 것과 비교할 때 눈에 보이는 것이 죄다 아무것도 아닌 순간이나 장소가 있다. 때로는 후각이 가장 강렬한 인상을 주기도 한다. 보리수 꽃향기, 건초 내음, 방금 갈아놓은 축축한 밭에서 나는 냄새, 소금물 냄새, 해조 냄새와 같은. 그리고 마침내 가장 강렬한 자연의 인상은 온몸으로 느끼는 것일지도 모른다. 무더위, 공기의 전기 현상, 기온, 딱딱함이나 부드러움, 공기의 건조함이나 습함, 안개와 같은.

'자연'이 주는 게 아무것도 없으며, 자신은 자연과 아무런 관계가 없다고 말하는 사람들이 간혹 있다. 바로 이런 사람들이 봄 햇살을 받으며 즐거워하고, 여름 태양빛에 나른해지고, 무더위에 몸이 축 늘어지고, 눈이 오면 상쾌해한다. 이러한 것도 일종의 관계라 할 수 있다. 그것을 의식하기만 하면 이미 자연을 누릴 준비가 다 된 셈이다.

자연을 즐기는 이러한 상태를 나는 굳이 설명할 필요가 없는 안락한 삶으로 이해하는 게 아니라, 이와 반대로 자연과 관계를 맺으며 의식적으로 함께 살아가는 삶으로 이해하기 때문이다.

일단 이러한 사실을 받아들인다면 이른바 풍경이나 날씨의 '아름다움'이 더는 아무런 의미가 없어진다. 이러한 아름다움은 사실 어쩌면 실제로 존재하는 게 아니라 단지 시각적인 인상에서 추론한 것에 지나지 않는 것일지도 모르기 때문이다. 그러므로 이러한 시각적인 인상만이 절대적인 표준은 아니다. 자연은 어디서나 아름답기도 하고 또는 어디서도 아름답지 않기도 하다.

... 빈둥거림의 기술

날마다 세상의 충만함이 우리 곁을 스치며 지나간다. 매일 꽃들이 피어나고, 빛이 비치며, 기쁨이 미소 짓는다. 때때로 우리는 이에 감사하며 진탕 마시기도 하고, 피곤에 지쳐 언짢아지기도 하며, 아무것도 알고 싶어하지 않기도 한다. 하지만 우리는 언제나 아름다운 것에 가득 둘러싸여 있다.

... 그림책, 전집 6

세상이 암울하고 악마처럼 우리를 위협한다고 해서 겁을 내거나 불쾌해해서는 안 됩니다. 내일 세상이 멸망할 것인가 하는 문제는 우리가 걱정할 일도 책임질 일도 아닙니다. 하늘에 떠 있는 멋진 구름 한 조각만으로도 우리는 이 세상에 사는 동안 우리에게 즐거움을 주는 것을 향유하고 찬미해야 합니다. 또한 우리는 그렇게 하고자 합니다.

... 편지 모음, 4권

우리가 경건하고 겸손하게 행동하든 아니면 대담하고 사려 깊게 처신하든, 자연에 영혼이 있다고 믿던 예전의 방식을 비웃든 놀라워하든 간에, 심지어 자연을 착취의 대상으로만 여기는 곳에서조차 자연에 대한 우리의 현실적인 관계는 어머니에 대한 아이의 관계이며, 인간을 축복과 지혜의 길로 이끌어주는 몇몇 태곳적 길들에 대한 관계다.

새로운 길로는 거기에 이를 수 없다. 그 길 가운데 가장 단순하고도 어린애다운 길은 자연에 대한 놀라움의 길이며 자연의 언어를 예감에 차 귀 기울이는 길이다.

"놀라기 위해 여기 왔노라!" 괴테의 시에 이런 구절이 있다. 놀라움으로 길이 시작되고 놀라움으로 길은 끝나기도 하지만, 그 길은 헛된 길이 아니다. 내가 이끼와 수정, 꽃, 황금빛 딱정벌레를 보고 놀라워하든지, 구름 낀 하늘, 폭풍 전후에 길고 고른 파도, 테두리가 알록달록하고 수정처럼 투명한 나비의 날개를 보고 놀라워하든지 간에, 내가 자연을 체험할 때마다 그것에 이끌리고 매혹되어 그것의 존재와 계시에 마음을 여는 바로 그 순간, 나는 인간의 탐욕으로 일그러진 이 세상을 깨끗이 잊곤 했다. 그리고 생각하거나 명령하는 것, 얻어내거나 착취하는 것, 싸우거나 조직하는 것 대신 나는 이 순간 괴테처럼 '놀라는' 것 외에 다른 일은 하지 않는다.

그리고 나는 이러한 놀라움으로 괴테뿐만 아니라 다른 모든 시인이나 현자와도 형제가 되었다. 아니, 나는 내가 놀라워하는 모든 것, 나비, 딱정벌레, 구름, 강이며 산과 같은 살아 있는 세계로 내가 체험하는 모든 것의 형제이기도 하다. 왜냐하면 놀라워하는 길에서 한 순간 나는 분리의 세계에서 통일의 세계로 들어서기 때문이다. 거기서는 모든 사물이 다른 대상에 "이것이 너다"라고 말한다.

... 조그만 기쁨

흰 구름

오, 보렴, 다시 두둥실 떠가고 있구나,
잊혀진 아름다운 노래들의
나지막한 선율처럼
푸른 하늘 저쪽으로!

오랫동안 떠돌지 않고
온갖 시름을 알지 못하는 사람은
구름을 이해할 수 없어,
방랑의 기쁨을.
해님과 바다와 바람처럼
난 흰 구름을 사랑해,
집이 없는 사람에겐
누이이자 천사이기 때문에.

... 시집

자연의 언어에 대한 감각, 창조적인 삶이라면 어디서나 보여주는 다양성을 기뻐할 줄 아는 감각, 그리고 이러한 다양한 언어를 해석하고 싶은 충동, 오히려 그 답을 얻고 싶은 충동은 인류의 역사만큼이나 오래된 것이다. 위대한 다양성의 배후에 숨겨진 성스러운 통일에 대한 예감, 모든 출생의 배후에 있는 인류 최초의 어머니에 대한 예감, 모든 피조물을 만든 창조자에 대한 예감, 세상의 새벽과 태초의 비밀을 알고자 하는 인간의 놀라운 원초적 욕구가 모든 예술의 뿌리가 되었다. 언제나 그랬듯이 이는 오늘날에도 마찬가지다. 오늘날 우리는 다양성 속에서 통일을 찾는 이러한 경건한 의미의 자연 숭배에서 끝없이 멀리 떨어져 있는 듯하다. 우리는 이러한 원초적 욕구를 신봉하는 것을 좋아하지 않으며, 그러한 본능을 상기시켜주면 말도 안 되는 소리라고 치부한다.

하지만 그럼에도 우리가 우리 자신은 물론 오늘날의 모든 인류가 외경심이 없으며, 자연을 경건하게 체험할 능력이 없다고 간주한다면 이는 분명 잘못된 일일 것이다. 지금 우리는 자못 힘겹게 살아가고 있다. 그러니까 다른 시대에 가능했던 것처럼 자연을 소박하게 신화로 고쳐 쓰고, 순진하게 창조주에게 인격을 부여하여 아버지로 숭배하는 일이 우리에게는 불가능해졌다. 우리가 때때로 오래된 경건성의 형식을 다소 피상적이라고 생각한다면, 그리고 현대 물리학이 운명적으로 철학에 강한 애착을 갖는 것이 실은 하나의 경건한 과정이라는 사실을 우리가 예감한다고 생각한다면 어쩌면 우리의 견해가 잘못된 것이 아닐지도 모른다. ... 조그만 기쁨

  자연의 비합리적이고 혼란스러우며 이상한 형식에 몰입한 결과, 이러한 형상물이 되게 한 의지와 우리의 내부가 일치한다는 느낌이 들게 된다. 우리는 이내 이러한 형상물을 우리 자신의 일시적 기분이라고, 우리 자신의 창조물이라고 간주하고 싶은 유혹을 느낀다. 우리는 우리 자신과 자연 사이의 경계가 흔들리고 희미해지는 것을 보며, 우리의 망막에 생기는 상이 외부의 인상에서 생겨나는지 아니면 내부의 인상에서 생겨나는지 알 수 없는 분위기를 알게 된다. 이러한 훈련을 하면서 우리는 우리가 창조자이며, 우리의 영혼이 줄곧 세계의 지속적인 창조에 참여한다는 사실을 가장 간단하고도 수월하게 발견한다. 오히려 우리 마음속과 자연에는 서로 분리할 수 없는 동일한 신성이 활동하고 있다. 만일 외부 세계가 무너진다면 우리 가운데 누군가가 이를 다시 건설할 능력이 있으리라.

  산과 강, 나무와 나뭇잎, 뿌리와 꽃, 이러한 자연의 모든 형상물이 우리 마음속에 들어와 이미 자리잡고 있고, 그 형상물이 영원함을 본질로 하는 영혼에서 유래하기 때문이다. 그러한 영혼의 본질

을 우리는 알지 못하지만 대체로 사랑과 창조의 힘이라고 느끼고 있다.
... 데미안, 전집 5

사람들은 언제나 다시 살아 있는 것에만 집착함에 틀림없습니다. '정신'은 우리를 종종 궁지에 빠뜨리지요. 자연이 약간의 사랑과 인내를 우리에게 주는 것만큼 정신이 커다란 가치가 있는 경우는 드물지요. 즉 고양이와 노는 것, 또는 불을 붙이는 것, 또는 구름을 지켜보는 것, 이 모든 것은 그냥 수월하게 해낼 수 있는 것들입니다.
...1923년 2월 14일의 미공개 편지

많은 사람들이 자연을 사랑한다고 말한다. 즉 이들은 간혹 가다 자신들에게 주어진 자연의 매력을 받아들이는 것을 마다하지 않는다. 이들은 집 밖으로 나가 대지의 아름다움을 즐기고, 풀밭을 밟으며, 결국에는 꽃과 가지를 잔뜩 꺾어서는 곧장 내던져버리거나 집에 가져와서 그것이 시드는 것을 지켜본다. 그러므로 이들은 자연을 사랑한다. 날씨 좋은 일요일이면 그들은 이러한 기억을 떠올리

며 자신들의 선량한 마음에 감동한다.　　　　... 페터 카멘친트, 전집 1

　나는 우리의 자연이 끈질기게 생명을 유지하는 것에 때때로 놀라움을 금치 못합니다. 즐거운 마음으로 그러는 것은 결코 아닐지라도 사람들은 그저께만 해도 도저히 참을 수 없다고 여겼을지 모르는 상황에 고분고분 순응하며 살아갑니다.

　　　　　　　　　　... 헤르만 헤세와 페터 주어캄프의 편지 교환

　현실이란 돌멩이 하나하나에도 번쩍 하며 내리치는 번갯불이다. 그대가 번개를 깨워 일으키지 않으면 돌멩이는 돌멩이로, 도시는 도시로, 아름다움은 아름다움으로, 지루함은 지루함으로 남아 있다. 그리고 그대가 팽팽한 긴장감을 박차고 나와 '현실'이라는 뇌우로 강물을 범람시킬 때까지 모든 것은 사물들의 꿈을 꾸며 잠을 잔다.　　　　　　　　　　　　　　　　　　... 그림책, 전집

가지런히 잘린 참나무

이들이 그대, 나무를 어떻게 잘라버렸던가,
그대는 얼마나 서먹하고 어색하게 서 있는가!
그대는 얼마나 많은 고통을 겪었던가,
그대 마음속에 반항심과 의지밖에 남지 않을 때까지!
나는 그대처럼, 잘려버리고,
고통스런 삶에 꺾이지 않았어.
그리고 끝까지 버틴 가혹한 삶에서
내 마음속의 부드럽고 섬세한 것이
세상을 죽도록 비웃었지.
허나 나의 존재는 파괴할 수 없어,
나는 만족하고, 화해하여
참을성 있게 새 나뭇잎들을
수백 번이나 가지에서 털어냈지.
그런데 온갖 아픔에도 나는
제정신이 아닌 세상에 반해 있네.

... 시집

아름다움과 진리에는 공통점이 있다. 이 두 가지는 계시이고, 어떤 매개물에도 딱히 얽매여 있지 않다. 세속적인 사람은 '아름다움' 하면 라파엘로를 떠올리고, '진리' 하면 성서나 칸트의 저작을 생각한다.

하지만 진리를 이해하는 사람은 어디서나 진리를 발견한다. 아름다움도 마찬가지다. 그는 작은 경험에서도 영원한 진리와 법칙성을 발견하고, 어디서나 아름다움의 상징을 발견한다. 빗방울이며 나비의 날개며 거미집과 같은 자연의 온갖 형태에서 말이다.

...비망록, 1909년

시대에서 벗어나 시대를 초월하고자 하는 사람들은 결코 막연한 몽상가가 아니라 강력한 뿌리로 자신들의 시대에 붙잡혀 그 시대를 책임지고 있었음을 오랜 경험으로 알 수 있다. 그리고 우리가 이들에 대해 더 많이 알수록 이들의 진면목이 더욱 뚜렷하게 드러남으로써 이들이 더욱 모범적으로 보인다는 사실을 오랜 경험으로 알 수 있다.

... 책 속의 세계, 3권

기도

사람들이 원하는 바에 따라
피비린내와 죄악, 싸움질이 일어나지.
그대, 자연을 발견한 사람에게는
어디나 성스러운 고향이 되고,
누구와도 서로 마음이 통하지.
바람이 불고, 물이 떨어지네,
온 세상에,
그리고 푸른 공기와 수정 같은 바다가
어디에나 있어.
지평선에 하늘거리는 금빛 구름,
부드러운 달,
숲에서 울부짖는 동물, 길게 뻗은 해안선,
새들의 지저귐, 산, 자작나무, 바위가 많은 곳의 오솔길,
이것이 나의 보물이고, 내 마음의 재산이지,
그래서 난 안심하고 편히 쉬고 있네.

죄를 다른 죄로 재지 말라!

그대와 그대의 발걸음을
무한히 인내할 줄 아는 자연으로 재라.
자연은 그대를 함께 데리고 다니지.
자연이 그대의 집인 셈이고,
그리고 자연은 아침과 저녁마다
안전하고 아늑하게
그대를 만나지,
고향집에서.

... 시집

세월은 흐르고 지혜는 남는다. 지혜는 형식은 바뀌어도 어느 시대에나 인간을 자연과 우주적인 리듬에 편입시키는 동일한 토대를 근거로 한다. 불안한 시대가 왕왕 인간을 이러한 질서로부터 해방시키려고 애쓰지만 이러한 거짓 해방은 언제나 노예 상태로 이끌어 간다. 오늘날의 해방된 인간이 돈과 기계의 소신 없는 노예이듯이 말이다.

화려하게 빛나는 대도시의 아스팔트로부터 숲으로 되돌아가거나, 또는 웅장한 연주회장의 경쾌하고 자극적인 음악으로부터 감사와 귀향의 감정을 담고 있는 바다의 음악으로 돌아가듯이, 나는 잠시 동안 경험한 삶과 정신의 온갖 흥미진진한 모험으로부터 몇 번이고 다시 이러한 오래되고 무한한 지혜로 되돌아간다.

이런 지혜는 내가 되돌아올 때마다 더 이상 낡지 않은 채, 차분히 기다리고 있다. 이런 지혜는 매일 떠오르는 태양처럼 언제나 새로이 빛을 발한다. 반면에 어제의 전쟁, 어제 유행한 춤, 어제의 자동차는 오늘이면 벌써 너무 낡고 시들어 우스꽝스러워진다.

... 문학 노트, 전집 12, 3권

위대한 예술가들은 가장 중요한 특성으로 늘 자연에 대한 무조

건적인 사랑을 갖고 있으며, 자연이 예술을 대신할 수는 없지만 모든 예술의 원천이자 어머니라는 깨달음을 무의식 중에 갖고 있다.

... 빈둥거림의 기술

현명하고 부지런한 사람들은 언제나 환상의 유희를 '도피'라고 부르고, 이로써 문학 예술가가 '도망쳐' 달아나는 현실이 사실 있을 만한 곳이 못 됨을 시인한다. ... 책 속의 세계

자연에는 수만 가지 색이 있다. 그런데 우리는 이러한 색을 스무 가지로 줄여버리기로 마음먹었다. ... 클링조어의 지난 여름, 전집 5

예술은 새로운 얼굴, 새로운 언어, 불분명한 새로운 음과 행동을 보여준다. 예술은 지난날의 언어를 되풀이하는 것에 진력이 나 있다. 예술은 춤도 한번 춰보려 하고, 한계를 한번 뛰어넘어 보려

고도 하며, 모자를 삐딱하게 쓰고 갈짓자로 걸어보려고도 한다.

    그런데 이 시대 사람들은 이에 대해 화를 내고 조롱당했다고 느끼며, 이러한 방종의 근본적인 원인과 그 가치에 회의를 품고, 욕설을 퍼부으며 교양의 덮개를 끌어당겨 귀를 막아버린다.

... 문학 노트, 전집 11

색채의 마술

여기저기에 신의 숨결이 느껴지고
하늘 저 위와 하늘 저 아래에
빛이 수만 가지 노래를 부르며,
신은 알록달록한 색으로 세계가 되네.

흰색은 검은색에, 온기는 냉기에
늘 새롭게 이끌림을 느끼지,
영원히 혼돈의 아수라장에서 빠져나와
새로 무지개가 떠오르네.

이처럼 신의 빛은 창조하고 행동하며
수많은 고통과 환희 속에서
우리의 영혼을 두루 돌아다니지.
그리고 우리는 신을 태양으로 찬미하네.

... 시집

이성과 마술이 하나가 되는 지점

예술과 문화에 관하여

이성과 마술이 하나가 되는 지점에 어쩌면 좀더 고상한 모든 예술의 비밀이 담겨 있을지도 모릅니다.
... 편지 선집

마술이란 강제로 고통스럽게가 아니라 자유롭고 자발적으로 안과 밖을 바꾸는 것이다.

과거와 미래를 불러들여라, 둘 다 너의 마음속에 있나니! 오늘날까지 너는 네 내면의 노예였다. 너의 마음을 지배하는 법을 배워라. 그것이 마술이다.
... 우화집, 전집 4

삶의 코미디를 실수로 심각하게 생각하지 않기 위해서는 마술을 아껴서는 안 됩니다.
... 1920년 말의 미공개 편지

나는 유령에 관심이 없었고, 그래서 지금껏 유령을 만난 적도 없습니다. 하지만 내가 원하기만 하면 유령이 떼로 몰려올 거라고 확신합니다. 하지만 유령이 사람들보다 더 흥미롭다고는 생각하지 않습니다.

... 1926년 1월 17일의 미공개 편지

나는 유령에 대해 전혀 아는 바가 없고, 꿈속에서 살아가고 있다. 다른 사람들도 꿈속에서 살아가지만 자기 자신의 꿈속에서 살아가지 않는다는 점이 차이점이다.

... 데미안, 전집 5

세상은 우리에게 그다지 많은 것을 베풀어주지 않습니다. 종종 세상은 야단법석과 불안으로만 이루어져 있는 듯합니다. 그래도 풀과 나무는 묵묵히 자라지요. 언젠가 지구가 콘크리트 상자로 완전히 뒤덮인다 해도 구름의 유희는 여전히 계속될 겁니다. 그리고 예술의 도움으로 사람들은 이곳저곳에 신께 다가가는 문을 열어둘 겁니다.

... 1949년 1월의 미공개 편지

예술은 은혜로운 상태에서 세상을 바라보는 것이다.

... 클라인과 바그너, 전집 5

음악의 고유한 특성은 근원적인 힘이자 심원하고 마술적인 구원의 힘이다. 다른 어떤 예술 이상으로 음악은 자연을 대체할 능력이 있다.

... 요셉 크네히트의 네 번째 이력

음악과 같은 무언가를 발견하는 곳에 우리는 머물러야 합니다. 음악의 느낌, 울림이 있고 율동적인 삶의 느낌, 존재에 대한 조화로운 정당화의 느낌보다 더 노력하여 얻을 만한 가치가 있는 것은 인생에서 아무것도 없습니다.

... 편지 모음, 1권

언어

태양은 우리에게 빛으로 말하고,
꽃은 향기와 색깔로 말하고,
대기는 구름과 눈과 비로 말하지.
사물들의 침묵을 타개하고 싶고,
말과 행동, 색채와 음향으로
존재의 비밀을 피력하고 싶은
충족될 수 없는 욕망이
세상의 신성한 곳에 살고 있어.
말과 계시와 정신을 얻으려고
세상은 애쓰고, 사람의 입술로
영원한 경험을 표명하네.
모든 삶은 언어를 그리워하고,
말과 숫자, 색채, 선 및 음으로
우리의 공허한 노력을 서약하고
점점 더 높이 의미의 옥좌를 짓고 있어.

붉고 푸른 꽃의 색깔로
늘 시작만 하고 결코 끝나지 않는

창조의 건축물은
시인의 언어로 내부를 향하지.
그리고 언어와 음이 어울리는 곳,
노래가 울리고, 예술이 펼쳐지는 곳에서
세상과 모든 존재의 의미가
매번 새로 형상화되네.
그리고 온갖 노래와 온갖 책
그리고 온갖 형상이 하나의 폭로이고,
삶의 통일을 이룩하려는
수천 번의 시도가 새로이 행해지네.
이러한 통일 속으로 들어가도록
문학과 음악이 너희들을 유혹하고,
창조의 다양성을 이해하는 데는
거울을 단 한 번만 보는 것으로 족하지.
우리에게 혼란스럽게 여겨지는 것이
시에서는 명백하고 간단해지네.
꽃은 웃고, 구름은 비를 뿌리며
세상에는 의미가 있고, 침묵하는 것이 말하는 법.　　... 시집

플루트 연주

덤불과 나무 사이의 어느 집,
밤에 창에서 가물가물 빛이 새어나왔네.
그리고 그곳 눈에 보이지 않는 공간에서
한 플루트 연주자가 서서 연주했네.

한밤중에 은은하게 퍼지는,
오래 전부터 잘 아는 노래였지,
모든 곳이 고향이라도 되는 양
모든 길이 완성되기라도 한 양.

세상의 비밀스런 의미가
그의 숨결로 드러났고,
그리고 마음은 순순히 자신을 맡겼고
모든 시대는 현재가 되었네.

... 시집

음악을 사랑하고 마음속으로 이해하는 사람을 위해 세상은 한 차원 더 높은 영역을 지니고 있습니다. ... 편지 모음, 2권

예술과 아름다움이 정녕 인간을 개선시키고 강하게 할 수 있을지는 알 수 없습니다. 적어도 이것들은 하늘의 별과 같이 우리에게 빛을 던져주고, 혼돈 속에서 질서와 조화 그리고 '의미'의 참뜻을 떠올리게 해줍니다. ... 편지 선집

예술은 이념이 아닌 삶에 기여합니다. 예술은 잠이나 꿈과 같은 기능을 하며, 인간의 윤리적 안내자가 아니라(양심을 일깨워주는 종교들이 이런 기능을 공유하고 있다) 전혀 다른 생물학적인 욕구에 기여합니다. ... 편지 모음, 2권

여섯 획으로 된 연필 소묘와 네 줄로 된 시구처럼 극히 단순한 예

술 작품조차도 과감하고도 맹목적으로 불가능한 것을 시도하고, 목표를 달성하기 위해 단호하게 나아가며, 단단하게 굳은 현실을 혼란에 빠뜨리려고 한다!

... 1920/1921년의 일기. 헤세의 싯다르타에 대한 자료, 1권

우리 시대에 필요한 것은 교활한 관료 근성이나 쓸데없는 부지런함이 아니라, 인격과 양심, 그리고 책임감입니다. 지성과 재능은 넘쳐납니다.

... 편지 선집

수백 년의 세월이 흐르는 동안 수천 개의 신조, 파당, 정강이 있었고, 수천 번의 혁명이 있었습니다. 이런 것이 세상을 변화시켰고, 어쩌면 진보하게 했는지도 모릅니다. 하지만 어떤 정강이나 신조도 그 시대보다 오래 가지 못했습니다. 몇몇 진정한 예술가들의 그림과 언어, 몇몇 진정한 현자, 사랑을 설파한 사람이나 자신을 희생한 사람들의 말은 여러 시대를 거치며 남아 있습니다. 예수나 그리스 시인이 남긴 말은 수백 년이 지난 후에도 사람들의 의식을 일깨워

주었고, 고통이나 인간성의 기적에 대한 시각을 열어주었습니다.

...편지 선집

오늘 새롭고 흥미로운 것이 모레면 벌써 식어버린다. 하지만 일단 수백 년간 살아남았고, 여전히 잊혀지거나 무너지지 않은 것에 대한 가치 평가는 우리가 살아 있는 동안, 추측건대 더는 커다란 동요를 겪지 않을 것이다.

... 문학 노트, 전집 11

진정한 교양이란 어떠한 목적을 이루기 위해 필요한 것이 아니라, 완벽을 기하려는 모든 노력이 그렇듯이, 그 자체로 의미가 있다. 체력이나 능숙함, 아름다움을 얻으려고 노력하는 데 가령 부유해지거나 유명해지거나 강해지려는 어떤 최종 목적이 있는 것은 아니다. 이런 노력을 통해 기쁨과 자신감을 느끼면서 더 행복해지고, 안전과 건강에 대한 의식을 높이면서 그 자체로 보답을 얻듯이, '교양'을 얻으려는 노력도 이와 마찬가지다. 즉 정신과 영혼의 완성을 기하려는 노력도 어떤 일정한 목적을 이루려는 힘든 길이 아

니라 우리를 행복하고 강하게 해주는 의식의 확장이며, 우리의 삶을 풍요롭게 하고 행복해질 가능성을 더욱 크게 하는 것이다. 이 때문에 진정한 교양이란 진정한 신체 운동과 마찬가지로 성취이자 동시에 자극이기도 하다. 어디서나 목적지에 도달하고 있지만, 결코 멈추어 쉬고 있지 않은 것이다. 진정한 교양이란 무한성 속에서 중도에 머물러 있는 것이고, 우주 속에서 공명하는 것이며, 무시간성 속에서 함께 살아가는 것이다. 교양의 목표는 개별적인 능력이나 성과를 향상시키는 것이 아니라, 삶에 의미를 부여하고, 과거를 해석하고, 두려워하지 않고 유비무환의 자세로 미래를 향해 마음을 열도록 도와주는 것이다. ... 문학 노트, 전집 11

문학은 마술적인 공간을 창조한다. 그속에서 보통은 합일될 수 없는 것이 하나가 되고, 보통은 불가능한 것이 실현된다. 문학, 신화, 동화의 시간이 이러한 상상적이거나 초현실적인 공간에 상응한다. 바로 이러한 시간은 역사적인 시간이나 달력상의 시간과는 모순되고, 모든 민족에게 내려오는 전설과 작가들이 쓴 동화의 시간과 일치한다. 이리하여 지상에서는 진정한 마술이 줄었을지 모르지만, 예술에서는 오늘날에도 계속 살아 있다. ... 빈둥거림의 기술 아름다움이나 예술만큼 흥겹고도 기분 좋게 해주는 것은 없다. 말하자면 아름다움이나 예술에 몰두함으로써 우리 자신이나 세상의 절박한 고통을 잊을 수 있다면 말이다. 그것이 꼭 바흐의 푸가나 조르조네의 그림일 필요는 없다. 구름을 젖히고 드러난 푸른 하늘이나 갈매기 꽁지면 족하다. 아스팔트 길의 기름 얼룩에 생긴 무지개 색이면 족하다. 이보다 훨씬 못한 것으로도 충분하다.

축복에서 벗어나 자의식과 비참한 삶에 대한 인식으로 되돌아가 보자. 그러면 즐거움이 슬픔으로 바뀌고, 세상은 환하게 빛나는 하늘 대신에 시커먼 밑바닥을 보여준다. 그리하여 아름다움과 예술은 슬픈 색조를 띠게 된다. 푸가, 그림, 갈매기 꽁지, 기름 얼룩이든 또 그보다 못한 것이든 간에 아름다운 것은 아름다운 것이고, 신적인 것은 신적인 것이다. 자아와 세상을 잊은 행복의 축복이 잠시 동안만 지속된다면 아름다움의 기적을 통해 슬픔으로 채워진 마력은 몇 시간, 며칠 또는 평생 동안 지속될 수도 있다. ... 삼분 독서

참된 예술의 형상물 중에서 우리에게 침전물이 남아 있다는 사실이 예술과 불꽃놀이의 차이점이다. 그 침전물은 자신이 경험한 것과 가장 고유한 것, 깊은 곳에 자리 잡은 어린 시절의 추억이나

개인적으로 좋아하는 꿈으로 섞여 있고, 우리의 영적인 삶에 새로운 색채를 부여할 수 있다. 문학 작품을 읽고 제목이나 작가의 이름조차 떠오르지 않을 만큼 오랜 세월이 흐른 후에도 말이다.

... 책 속의 세계, 3권

우리는 녹초가 되어 기진맥진해질 때까지 수많은 고통을 겪고 쓰라린 경험을 해야 합니다……. 로케트는 멋지지만, 바로 가장 멋진 순간에 피융 하고 날아가 버립니다.   ... 1916년 4월 25일의 미공개 편지

독서의 즐거움은 다른 모든 즐거움과 마찬가지로 우리가 그것에 더욱 내적으로 애정을 갖고 몰입할수록 더 깊어지고 더 오래 지속된다.

... 책들의 세상

책

이 세상의 모든 책이
그대에게 행복을 가져다주지는 않아,
하지만 책은 은밀히
그대 자신으로 되돌아가도록 가르쳐주지.

그대가 필요로 하는 모든 것이 거기에 있지,
해님과 별과 달,
그대가 찾고 있는 빛이
그대 자신 안에 있기에.

책 속에서
그대가 찾고 있는 지혜는
이제 책장마다 빛나고 있어—
이젠 지혜가 그대의 것이기에.

... 시집

세월이 흐름에 따라 오락과 대중 교육의 필요성이 다른 발명품을 통해 더 많이 충족될수록 책은 더욱 위엄과 권위를 되찾을 것이다. 오늘날 영화나 라디오 등 최근에 발명된 새로운 경쟁자들이 인쇄 매체인 책의 기능을 일정 부분 빼앗아 가는 정도까지는 아직 이르지 못했다.

... 문학 노트, 전집 11

애정 없는 독서, 외경심이 없는 지식, 가슴이 없는 교양은 정신에 반하는 가장 나쁜 죄악 가운데 하나다.

... 문학 노트, 전집 11

교과서나 개론서, 철학사를 읽을 필요는 없다. 요약된 것이 아닌 사상가의 저서 원본이 더 많은 것을 가져다준다. 그런 책들이 우리 스스로 생각하게 해주고 가르쳐주며 의식을 높여주기 때문이다.

... 문학 노트, 전집 12

왜 사람들은 책과 대화를 나누지 않는가? 책은 때때로 사람들만큼이나 현명하고 재미있지만, 사람들처럼 강요하지는 않는다.

... 책 속의 세계, 3권

명랑함은 성자와 기사의 덕목이다. 그것은 아름다움의 비밀이며, 모든 예술의 본질적인 실체다. 삶의 근사함과 끔찍함을 시의 스텝으로 찬미하는 시인, 삶을 순수한 현재로 울리게 하는 음악가는 빛을 가져오는 사람이고 지상의 기쁨과 밝음을 늘려주는 사람이다. 비록 그들이 우리를 눈물과 고통스러운 긴장 속으로 이끌어 가더라도 말이다.

... 유리알 유희, 전집 9

문학가는 빛을 신뢰해야 한다네. 결정적인 경험을 통해 빛에 관해 알아야 하고, 최대한 자주, 최대한 마음을 넓게 열어야 하지. 하지만 자기 자신이 빛을 가져다주는 존재라고, 아니 스스로 빛이라 자처해서는 안 되네. 그러면 작은 창문은 닫혀버리고, 우리에게 의존하지 않는 그 빛은 다른 길로 가버리지.

... 친구들에게 보내는 편지

우리 시대에 영혼을 지닌 인간 가운데 가장 순수한 유형인 시인은 기계의 세계와 지적인 활동의 세계 사이에서 마치 공기가 없는 공간으로 내몰려 질식하도록 선고받은 것과 같다. 시인이 바로 우리 시대가 광적으로 전쟁을 선포한 사람들의 저 힘과 욕구를 옹호하고 대변하기 때문이다.   ... 문학 노트, 전집 11

자연과 달리 문화란 인간이 시간과 적나라한 삶의 욕구를 넘어서 정신적인 가치를 발견하고 창조한 모든 것이다. 종교와 예술, 그리고 철학이 문화의 선두에 자리하고 있다. 가난한 남자의 노래, 숲과 구름을 보고 느끼는 방랑객의 기쁨, 조국에 대한 사랑과 정당의 이상, 이 모든 것이 인류의 정신적 자산인 '문화'다.

세계사와 민족의 발전에 많은 우여곡절이 있었지만, 인류의 이상적 자산은 보존되고 증대되었다. 내적으로 이러한 자산을 갖고 있는 사람은 파괴될 수 없는 결합을 이루어, 아무도 그것을 빼앗아갈 수 없다. 돈, 건강, 자유, 생명은 잃어버릴 수도 있다. 하지만 진정으로 획득하고 소유한 정신적 가치는 오직 우리가 생명을 잃을 경우에만 우리에게서 빼앗아갈 수 있다. 고난과 궁핍의 시대에만 무엇이 진정한 우리의 것이고, 무엇이 우리에게 온전히 남아 빼앗

길 수 없는 것인지 드러난다. 이러한 것들과의 올바른 관계는 교양 있고 학식이 있다고 생각하는 향락주의자의 것이 아니기 때문이다. 향락주의자는 돈 많은 부자가 일하지 않고 돈을 소유하는 것처럼 문화를 소유한다. 그가 이를 잃는 날에는 가난하지만 잘 살아갈 수 있는 거지보다 더 불쌍해진다.

문화라는 재산은 돈으로 살 수 있고 이용할 수 있는 비인간적인 것이 아니다. 위대한 예술가가 극심한 내면의 고통을 겪으며 창조한 음악을 나는 연주회장에 편안하게 앉아 수월하게 내 것으로 만들 수 없다. 핍박과 고난 가운데서 나온 철학자의 심오한 말을 나는 안락의자에 앉아 게으르게 책을 읽으며 내 것으로 만들 수 없다.

날마다 개인적인 체험을 하면서 우리는 우정이나 감정도 자신의 피땀이 어리지 않고, 사랑과 삶, 희생, 투쟁을 바치지 않고는 우리에게 충실하지 않다는 사실을 오랜 경험을 통해 알고 있다. 사랑에 빠지기는 너무나 쉽지만, 진정으로 사랑한다는 것이 얼마나 힘들고 아름다운지 누구나 알고 있다. 진정한 가치를 지닌 것들이 다 그렇듯이 사랑은 돈으로 살 수 있는 것이 아니다. 쾌락은 돈으로 살 수 있지만 사랑은 돈으로 살 수 없다.

... 빈둥거림의 기술

예술에서도 보듯이 사랑의 힘은 놀라운 것이다. 사랑은 어떤 교양이나 지성, 비판도 할 수 없는 일을 할 수 있고, 가장 멀리 떨어져 있는 것을 연결시켜주고, 가장 오래된 것과 가장 새로운 것을 나란히 세운다. 사랑은 모든 것을 자신의 중심과 관련 지으면서 시대를 뛰어넘는다. 사랑은 독선적이지 않다. 그러므로 사랑만이 믿을 수 있고 정당하다.

... 문학 노트, 전집 11

명료하고 멋진 오래된 생각에 따르면, 인간은 육체와 영혼 그리고 정신으로 이루어져 있습니다. 대체로 이 가운데 두 가지는 서로 굳게 결속되어 한 가지는 소홀히 여겨지고 있습니다. 기독교에서는 정신과 영혼이 연결됨으로써 육체가 천시되고 무시되었습니다. 반면에 우리 시대는 영혼을 희생하고 이성과 신체 문화를 지나치게 강조하고 있습니다. 예술은 뭐니뭐니 해도 영혼의 영역에 속하므로, 감각적인 것을 훨씬 넘어서려고 합니다.

... 1928년 12월 27일의 미공개 편지

성급히 잘난 체하는 것은 실제로는 교양이 아닌 경우가 허다하단다. 그렇다고 그 이면에 실제적인 교양이 감추어져 있는 것 같지도 않아. 그중 대부분은 일종의 사교 놀이거나 정신적 스포츠다. 사람들은 그런 것 없이도 잘 살거나 또는 더 잘 살아가지. 그리고 너는 교양, 학식, 역사 지식 가운데 너에게 부족한 것을 서두르지 않고도 서서히 만회할 수 있단다. 네가 정말 관심 있는 대상을 읽고 곰곰이 생각하기만 하면 돼.

나는 아주 많은 책을 읽었지만, 나 역시 젊었을 때는 사람들이 화가와 음악, 철학에 대해 날카롭고도 조리 있게 말하는 것을 보고 낭패감에 빠졌던 때가 더러 있었단다. 그러다가 이러한 교양 놀이를 그렇게 심각하게 받아들일 필요가 없다는 사실을 서서히 깨달았지. 내가 잘 알지 못하는 어떤 사람이 일반적인 문제점에 대해 나에게 어이없는 장광설을 늘어놓는다면 나는 귀를 기울이며 그것이 훗날까지 내 마음에 계속 영향을 미칠 것인지 생각할 거야. 대개의 경우는 그렇지 않지만 말이지. 하지만 어떤 사람이 자신이 정말 사랑하고 정확히 잘 아는 것에 대해 말한다면 항상 귀를 기울이는데, 이때는 대부분 나에게 유익하단다. 말하자면 농부가 가축에 대해 말할 때, 수공업자가 자신이 하는 일에 대해 말할 때, 또는 예술가가 자신의 작업 방식이나 생활 방식에 대해 말할 때지.

... 1932년 5월 아들 마르틴에게 보내는 미공개 편지

쓰여진 것은 모두 조만간 사라져버릴 운명에 처하게 됩니다. 세계 정신은 모든 기록물을 읽고, 그것이 사라진 사실을 알고 웃습니다. 그 가운데 몇 개를 읽고, 그것의 의미를 예감하는 것이 우리로서는 좋은 일입니다. 모든 기록물에 담겨 있지 않은 것처럼 보이지만 은밀히 거기에 내재해 있는 의미는 언제나 동일한 것입니다.

... 친구들에게 보내는 편지

살아 있는 것은 되어가는 과정이다

인격의 발전을 위하여

살아 있는 모든 것은 되어가는 과정이지, 하나의 완전한 존재가 아닙니다. ... 편지 모음, 2권

물고기, 새, 원숭이로부터 전쟁을 벌이는 인간에 이르는 과정에서, 세월이 흐름에 따라 우리가 인간이자 신이 되기를 희망하는 기나긴 과정에서 한 단계씩 앞으로 나아간 자들은 '정상인'일 수 없었다. 정상인은 보수적이었고 그대로 보존하면서 살기를 원했다. 정상적인 도마뱀은 언젠가 하늘을 날 수 있다고는 생각하지 못했다. 정상적인 원숭이는 나무에서 내려와 땅 위를 직립보행하리라고는 꿈도 꾸지 못했다.

처음으로 이렇게 행동하고 꿈꾼 원숭이는 자기들 무리에서 공상가, 괴짜, 시인, 혁명가로 취급받지, 결코 정상으로 여겨지지 않을 것이다. 내가 보기에 정상인은 뒤에서 생활의 지주나 후원을 얻기 위해 기존의 생활 방식을 고수하고 존중하며 공고히 하는 사람들이다. 하지만 공상가들은 엉뚱한 생각을 하고, 이미 생각해낸 것을 꿈꾸지 않는다. 어쩌면 이들은 언젠가 물고기가 뭍에서 살고, 원숭이가 원인(猿人)이 되기를 바랄지도 모른다. ... 고찰, 전집 10

때늦은 시련

또 한 번 삶의 여정에서
가혹한 운명이 나를 궁지로 몰고,
진퇴양난에 빠진 나에게
시련과 고난을 안겨주려 하는구나.

진작 이루어낸 것 같은 모든 것,
안식, 지혜, 노년의 평화,
후회 없는 삶의 고해,
그것이 정말 나의 몫이었을까?

아, 나의 두 손에서
한 조각 한 조각
행복이 깨어졌어.
좋았던 날들도 가버리고.

세상과 나의 삶은
잡동사니와 폐허 더미가 되었지.

만약 나에게 이런 반항심이 없다면
울면서 순순히 응하고 싶구나.

나를 거역하고, 나에게 저항하는
영혼의 밑바닥에 있는 이러한 반항심,
나를 괴롭히는 것이 밝은 것을
돌아봐야 한다는 이러한 생각.

모든 지옥 저 높은 곳에 달려 있는
꺼지지 않는 영원한 불빛을 믿는
몇몇 시인들의 터무니없이 완강하고
소박한 이러한 생각.

... 시집

어떤 사람은 자신에게 주어진 재능으로 자아를 실현하고자 자신이 할 수 있는 지고한 일과 유일무이하게 의미 있는 일을 한다.

... 나르치스와 골드문트, 전집 8

신은 우리 한 사람 한 사람에게 이루려는 뜻이 있고, 이 뜻을 이루고자 했습니다. 만일 우리가 이를 받아들이지 않고 신을 돕지 않는다면 우리는 그의 적대자입니다.

... 편지 선집

시인이 대중 연설가가 되고 철학자가 장관이 된다고 세상이 더 빨리 진보하지는 않을 것이다. 세상은 모든 사람이 자신의 기질에 따라 잘할 수 있고 즐겨 할 수 있는 일을 할 때 진보한다.

... 정치적 고찰, 전집 10

우리는 유한한 존재이고 변화해가는 가능성이다. 우리에게 완벽함이나 완전한 존재란 없다. 하지만 잠재력에서 행동으로, 가능성에서 현실로 나아가는 곳에서는 우리는 참된 존재에 관여하고, 완벽하고 신성한 존재와 좀더 닮아간다. 즉 자아를 실현할 수 있다.

... 나르치스와 골드문트, 전집 8

인간으로서 우리의 과제는 우리 자신의 일회적이고 개인적인 삶 가운데 동물에서 인간으로 한 걸음 더 나아가는 것이다.

... 정치적 고찰, 전집 10

자신의 꿈을 찾아야 길을 가기가 수월해진다. 하지만 오랫동안 지속되는 꿈이란 없으며, 새로운 것을 꿈꾸게 마련이다. 그리고 그 어떤 꿈에도 집착하려 해서는 안 된다. ... 데미안, 전집 5

우리는 외부의 맹목적인 힘에 휘둘리는 노리갯감이 아니라 우리가 물려받은 재능과 단점, 그리고 다른 유전적 특성의 총합입니다. 의미 있는 삶의 목적은 이러한 내면의 소리에 귀를 기울이고 이에 따르는 것입니다. 그러므로 그 길은 자신을 인식하는 것입니다. 하지만 그 길은 자신에 대해 판단하고 자신을 변화시키려고 하는 것이 아니라, 예감으로 우리 내면에 이미 주어진 형상에 되도록 우리의 삶을 접근시키는 것입니다. ... 편지 모음, 2권, 290쪽

고등동물이 쓰러지는 곳에서도 집토끼는 살아남습니다. 집토끼는 까다롭지 않고, 건강 상태가 좋으며, 새끼를 많이 번식시키니까요. ... 편지 모음, 2권

가능한 일이 일어나도록 하기 위해서는 불가능한 일을 수없이 시도해야 합니다. ...편지 모음, 2권, 386쪽

홀로

땅 위에 수많은
길이 나 있지만,
목적은 다들
똑같아.

둘씩, 셋씩
그대는 말달릴 수 있지만,
마지막 발걸음은
혼자 가야 하지.

때문에 어떤 지식이나 능력도
온갖 어려운 일을
혼자 할 수 있는 것만큼
좋은 것은 없어.

... 시집

삶은 각자에게 저마다 다른 과제를 부여합니다. 그러므로 삶에는 태어날 때부터 쓸모없는 인간이라 정해진 사람은 없습니다. 아무리 약하고 가난한 사람도 가치 있고 진정한 삶을 영위할 수 있습니다. 그리고 삶에서 스스로 선택하지 않았을지라도 제 자리와 자신의 과제를 받아들이고 실현하려 노력하면서 쓸모 있는 사람이 될 수 있습니다. 누구에게든 가련한 악마로 비친다 하더라도, 그에게는 고귀하고 신성한 무언가가 빛나고 있습니다. ... 편지 선집

우리 중의 누구도 자기가 갖고 있는 것 이상으로 줄 수는 없습니다. 하지만 아무리 보잘것없는 사람이라도 자신의 마음속 깊은 감정이 삶의 의지와 하나가 되는 한에서는 값지고 고상한 작용을 할 능력이 있습니다. 이것에서 벗어나는 모든 것은 기형적인 모습이 되어 기껏해야 흥미의 대상이 될 뿐입니다. ... 편지 모음, 1권

영혼의 내부에는 신뢰할 만한 마법이 있다. 영혼은 전체를 추구하고, 모든 흠과 결점을 메우려고 애쓴다. 영혼은 다른 영역에서 성

과를 올려 모든 무능함을 보완하려고 노력한다. 그리고 영혼은 삶을 찬미하고 긍정적으로 말하며, 신을 찬양하도록 하기 위해 가장 민감하고 가장 약하며 가장 불행한 사람에게서 가장 섬세하고 가장 내적이며 가장 사랑스러운 음악을 연주한다. ... 책 속의 세계, 3권

'너 자신이 되어라' 라는 계율에 따라 자신의 존재를 되도록 완벽하게 서술하는 방법 말고는 계발하고 성취하는 다른 길이 없습니다. 많은 도덕적인 장애와 다른 장애로 인하여 이러한 길이 어려워지고, 세상이 우리를 제멋대로라기 보다는 적응을 잘하고 고분고분하다고 보는 사실에서 평균 이상의 모든 개개인에게 생존 경쟁이 생깁니다.

이때 어느 정도 관습에 따를지 아니면 거스를지는 각자 자신의 능력과 필요에 따라 결정해야 합니다. 만일 관습이나 가정, 국가 및 공동체의 요구를 무시할 때는 위험이 닥칠 수 있다는 사실을 알아야 합니다. 어떤 사람이 어느 정도나 위험을 감수할 수 있는지에 대한 객관적인 표준은 없습니다. 자신의 기준이 지나친 경우에는 이에 대한 대가를 치러야 합니다. 고집을 부리든 적응하든 간에 정도가 지나치면 해를 입게 마련입니다. ... 편지 선집

살아가면서 우리가 받는 교육은 아이에서 어른이 되는 모든 사람에게 복종과 희생을 요구하고, 순간적인 쾌락과 욕구를 희생하고 관계를 유지하며 돈독히 하는 것의 중요성을 인정하도록 요구한다. 이러한 관계를 인정하고 그것에 자발적으로 따르는 순간, 우리는 내적으로 성장한다.

... 빈둥거림의 기술

삶은 우리가 줄 수 있을 만큼 많은 의미를 지니고 있습니다. 성서며 교리며 모든 철학은 이러한 의미 부여를 수월하게 하는 데 도움이 될 뿐입니다. 자연, 식물이나 동물은 생각이나 죄를 모르기 때문에 이러한 의미 부여를 할 필요가 없습니다. 자연은 순수하고 천진난만하게 살아갑니다. 우리 인간은 아무런 의미 없이 살고자 하기 때문에 동물보다 못합니다. 우리가 되도록 이기적인 쾌락을 추구하려는 생각을 떨쳐버리고 남을 위해 봉사할 때 삶은 의미를 얻습니다. 우리가 진지하게 봉사에 대해 생각할 때 '의미'는 저절로 생겨납니다.

... 편지 모음, 2권

가치 있는 사람이라면 자신의 쾌락을 위해 살아가지 않습니다.

... 1907년 11월 1일의 미공개 편지

실천은 생각의 결과여야지 그 반대여서는 안 된다.

... 단편 모음, 3권

인격은 다른 데서 생기는 것이 아니라 동물적인 충동을 정신적으로 승화시키는 과정에서 생겨난다. ... 문학 노트, 전집 11

고독은 운명이 인간을 자신에게 이끌어가려는 길이다.

... 양심의 정치학

불꽃

쓸데없는 수다를 떨며 그대가 춤추러 가든,
그대의 가슴이 걱정으로 애가 타든,
그래도 그대는 매일 새로운 기적을 경험하지,
삶의 불꽃이 그대 마음속에서 이글거리는 기적을.

어떤 이는 황홀경에 취한 채
불꽃이 타오르며 소진되게 하고,
다른 이는 세심하고 침착하게
아이와 손자들에게 자신들의 솜씨를 보여주지.
허나 어스름한 여명으로 길이 나 있는
그날들은 소실되고,
낮에 잔뜩 들볶인 그자는
삶의 불꽃을 결코 느끼지 못하지.

... 시집

완벽한 가르침을 동경해서는 안 된다. 네 자신이 완벽해지기를 갈구해야 한다. 신은 네 안에 있지, 개념이나 책 속에 있지 않다.

... 유리알 유희, 전집 9

인생에서 처음부터 끝까지 얽히고설킨 내용을 모두 기록한다면 세계사만큼이나 풍부한 서사시가 될 것입니다.

... 친구들에게 보내는 편지

삶의 파렴치함에 맞서는 최상의 무기는 용기와 고집스러움, 그리고 인내입니다. 용기는 강하게 하고, 고집스러움은 재미가 있으며, 인내는 마음의 평화를 가져다줍니다.

... 편지 선집

무언가가 꼭 필요한 사람이 그것을 발견한다면 이는 우연히 일어나는 일이 아니라, 그 자신의 요구가 그를 그쪽으로 이끌고 가는 것이다.
... 데미안, 전집 5

하지만 무엇보다도 무거운 것을 무겁고 딱딱하다고 여기는지 아니면 부드럽다고 여기는지에 대해 내적으로 어떻게 적응하는지가 중요한 문제입니다. 단순한 결심만으로는 무게를 느끼고서 다시 힘껏 밀칠 수 없습니다. 하지만 날개가 피곤하고 가다듬을 필요가 있다 하더라도 날개에 대한 믿음을 잃지 않는 것이 좋습니다.
... 1923년 2월 7일의 미공개 편지

내가 모욕당하고 공격받은 것은 어리석고 가치 없는 일을 했기 때문이 아니었습니다. 내가 야유를 받은 것은 늘 성과나 신조 때문이었습니다.
... 1929년 5월 23일의 미공개 편지

피리 불기

내가 참으로 소중히 여기는 피아노와 바이올린,
이런 것에 거의 손댈 수 없었네,
지금까지 분주하게 살다 보니
피리 부는 데만 시간을 낼 수 있었네.

사실 아직 난 대가라고는 할 수 없어,
인생은 짧고 예술은 긴 법,
허나 피리를 불지 못하는 사람은 안타까워,
그것으로 난 많은 것을 얻었네.

그래서 진작부터 마음속으로 다짐했지,
좀더 피리 연주를 잘 해보겠노라고.
그래서 마침내 나, 너희들, 온 세상 사람을 위해
피리를 불어줄 수 있었으면 좋겠구나.

... 시집

그렇습니다, 당신 자신, 당신의 고독한 자아, 당신의 감정, 당신의 운명에게 말하십시오! 다른 길은 없습니다. 그 길이 어디로 나 있는지 저는 알지 못합니다. 하지만 그 길은 삶, 절박하고도 필수 불가결한 현실로 나 있습니다. 당신은 그 길을 도저히 견딜 수 없다고 생각하고 어쩌면 자신의 목숨을 버릴지도 모릅니다. 누구에게나 그럴 가능성이 있는데, 이런 걸 생각하면 나도 가끔 기분이 좋아집니다. 하지만 결단을 내려, 자신의 운명과 의지를 배반하고 '정상인'들과 어울려서는 당신은 뜻을 이룰 수 없습니다. 그 일은 결국 성공하지 못하고, 지금보다 더 큰 절망감을 안겨줄 겁니다. ... 편지 선집

학문이 짜맞추기식에 불과한 작업이라는 견해가 있습니다. 하지만 우리는 이러한 학문을 계속 쌓아 올리고, 가능한 것을 이루어내도록 노력해야 합니다. ... 편지 모음, 1권

난 교육에는 관심이 없었지만, 독학에는 늘 관심이 있었지요. 자신의 운명을 단련하라고 삶이 우리 손에 쥐어준 소질을 가지고, 개인적

인 출신을 벗어나 초개인적인 목표를 세우고 긴장하며 노력하는 것, 인간상에서 지고한 것을 마음속에 이상으로 품고, 일상과 우연을 환상과 유머로 채우는 것. 이런 것을 나는 오늘날 나의 '교육' 실험의 내용이라고 부를 겁니다.

... 1928년의 미공개 편지

우리는 가능하다면 우리 내부의 중심을 지키려고 합니다. 이러한 무게중심은 무의미한 원심 운동에 휩쓸리지 않도록 막아줍니다. 점점 더 격렬해지는 이러한 원심 운동은 모든 정치에서도 멀어진 채 빠른 속도로 분주하고도 불안정하게 자신의 견해를 피력합니다.

... 편지 모음, 3권

시대 정신과 환경에 적응하며 살아가는 것이 아무리 만족스럽다 하더라도 정직하게 사는 기쁨은 더욱 크고 견고하다.

... 조그만 기쁨

나는 평생 동안 개인과 개성을 옹호해왔습니다. 그리고 나는 개인에게 도움을 주는 보편적 법칙이 존재한다고 믿지 않습니다. 이와 반대로 법칙은 개인을 위해 존재하는 것이 아니라 다수, 대중, 민족 및 집단을 위해서 존재합니다. 실제로 개성적인 인물들은 지상에서 살아가기가 힘들지만 더 멋지게 살아가기도 합니다. 이들은 대중의 보호를 누리지는 못하지만 자신만의 기쁨을 누립니다. 그리고 이들이 젊은 시절을 견뎌낸다면 아주 커다란 책임을 져야 합니다.   ... 편지 선집

나는 늘 개인에 대한 믿음을 가꾸어왔습니다. 개인은 교육할 수 있고 개선할 수 있기 때문입니다. 나의 신념에 따르면 그러했습니다. 그리고 호의적이고 희생적이며 용감한 사람들 가운데 세상에서 선량함과 아름다움을 간직한 소수 엘리트는 늘 그러했습니다.   ... 편지 선집

오늘날의 고난과 요구에 직면하여 우리가 어느 정도나마 인간적이고 품위를 유지한다면 미래에도 인간적일 수 있을 것이다.

.. 양심의 정치학

이 세상에 말로써 표현하지 못할 것은 없고, 있을 법하지도 않고 증명할 수도 없는 어떤 사물을 눈앞에 제시하는 것보다 더 필요한 것은 없다. 하지만 사실 경건하고 양심적인 사람들이 이것들을 어느 정도 실재하는 사물로 취급함으로써 존재 가능성에 한 걸음 더 가까이 다가간다.　　　　　　　　　　　... 유리알 유희, 전집 9

우리는 우리 스스로 책임져야 하고, 우리의 임무로 여기는 모든 것을 아주 진지하게 생각해야 한다. 하지만 외부에서 오는 것, 우리의 영향력 밖에 있는 운명에 대해서는 그리 진지하게 생각할 필요가 없다. 우리는 차분하게 자아를 운명에 대치시켜야지 운명이 우리 내부에 들어가게 해서는 안 된다. 그렇지 않으면 생각하는 사람의 입장에서(물론 몇몇은 그럴 수 있기는 하지만) 삶은 감당하기 어려운 것이 될지도 모른다.　　　　　　　　　　　　　　... 삼분 독서

인간은 고정된 존재, 되어 있는 존재, 완성된 존재, 일회적이고 분명한 존재가 아니라 무언가가 되어가는 존재, 하나의 시도, 하나

의 예감이며 미래이자, 던져진 존재이며 새로운 형식과 가능성에 대한 자연의 동경이다. ... 정치적 고찰, 전집 10

오래 살려면 다른 사람들을 위해 봉사해야 한다. 지배하려는 자는 오래 살지 못한다. ... 동방순례, 전집 8

가장 멋진 물건들과 추억이 담긴, 이 세상에서 가장 사랑스럽고 아름다운 집이 감옥이 될 수 있습니다. 수술이 구원의 방법이 될 수 있듯이, 해안을 돌아다니며 새로운 시각을 갖게 해주는 증기선과 이 집을 바꾸는 것이 구원이 될 수 있습니다. ... 1948년 3월 20일의 미공개 편지

병에 걸린 것도 삶의 한 과정이며, 자신의 권리를 가지려고 합니다. ... 1923년 3월 10일의 미공개 편지

세상이라는 무대를 비판적으로 보는 개인이 많을수록 집단이 전쟁을 비롯한 어리석은 일을 저지를 위험이 적어집니다. ...편지 선집

솔직하면서 현명한 사람은 그리 많지 않습니다. 이들이 서로 갈등에 빠지면 어쩌면 자신들을 정화해야 할지도 모릅니다.

... 편지 모음, 2권

성장에는 언제나 죽음이 내포되어 있는 법이다.

... 한스에 대한 추억, 전집 10

시든 나뭇잎

모든 꽃은 열매를 맺고
모든 아침은 저녁이 되게 마련이야,
지상에서 영원한 것은 없는 법
변전무상하다는 사실 말고는.
뜨거운 여름도 언젠가는
가을과 시듦을 느낄 것이고,
나뭇잎아, 참으며 가만히 있어라,
바람이 그대를 데려가려고 하면.

그대의 놀이를 계속하며, 저항하지 말고,
잠자코 내버려두어라.
그대를 부러뜨리는 바람이
그대의 집으로 불게 하라.　　　　　　　　... 시집

영혼의 지혜에 대한 복종

우리 내부의 현실에 관하여

지혜란 육체와 영혼의 지혜에 대한 복종입니다(의지와 지성의 지혜에 대한 복종이 아닙니다).
... 편지 모음, 2권

아직 비밀스러운 상태에 있는 한 모든 어린이들은 끊임없이 영혼에서 유일하게 중요한 것, 자기 자신이나 주변 세계와 자신의 수수께끼 같은 관계에 몰두한다. 현자는 성숙해감에 따라 다시 이러한 것에 몰두하게 된다. 하지만 대다수 사람들은 이미 일찍이 이러한 진정 중요한 내적인 세계를 영원히 잊고 떠나서 근심과 소망, 목적이라는 가지각색의 미로에서 헤매게 된다. 이러한 목적 가운데 어느 것도 이들 마음속 깊은 곳에 자리 잡고 있지 않으며, 이들은 그중 어느 것도 자신의 마음속 깊은 곳으로 데리고 가지 못한다.
... 동화, 전집 6

무엇이 크고 작으며, 무엇이 중요하고 중요하지 않은가? 대다수가 심각하게 생각하는 고통이나 충격에는 태연하면서도 사소한 자극이나 모욕에는 민감하고 격렬하게 반응하는 사람에게 정신과 의

사는 정서 불안이라고 말한다.

그리고 어떤 사람은 오랫동안 발을 밟혀도 깨닫지 못하지만 건강하고 정상이라고 진단한다. 그런 사람은 끔찍한 음악이나 형편없는 건축물, 숨 쉬기 힘들 만큼 텁텁한 공기는 아무 불평 없이 잘도 참지만 카드놀이에서 조금만 돈을 잃어도 탁자를 내리치며 성질을 부린다.

나는 술집에서 그런 사람들을 자주 보았다. 평판 좋고 지극히 정상이며 존경할 만하다고 하는 사람들이 카드놀이에서 돈을 잃었다고 거칠게 날뛰고 욕설을 퍼부으며 광분했다. 말하자면 자기가 게임에서 진 것이 상대방에게 책임이 있다고 생각하는 것이다. 나는 의사에게 진료를 부탁하고 싶은 생각을 억누를 수 없었다.

... 요양객, 전집 7

우리는 우리를 둘러싸고 있는 기계적인 세계와 야만적인 상황에서 숨쉬기조차 힘들어 하고 있다. 하지만 우리는 이러한 전체 분위기에서 벗어나지 않고, 이를 세계 운명에서 우리의 몫이자 사명이며 시련으로 받아들인다. 우리는 이 시대의 어떤 이상도 믿지 않는다. 하지만 우리는 인간이 불멸의 존재라고 생각한다. 그의 왜곡된 모든 상이 다시 치유되고, 모든 지옥에서 정화되어나갈 수 있을 거라고 생각한다. 우리는 인류의 영혼이 위험에 처해 있고 심연에 빠져 있음을 숨기지 않는다. 하지만 우리가 영혼의 불멸성을 믿는다는 사실도 숨겨서는 안 된다. ... 책 속의 세계, 3권

우리는 날마다 삶을 내던져버리고 싶은 생각이 간절하다. 그렇지만 우리는 우리 내부의 초개인적이고 초시대적인 힘으로 지탱되고 있다. 그렇기 때문에 영웅이 되지 않고도 약함은 용감함으로 바뀐다. 그리하여 우리는 물려받은 재산으로 미루어보건대 우리의 후세에 대한 믿음과 신뢰를 어느 정도 갖게 된다.

... 조그만 기쁨

일이 끝날 때면 쌓인 피로가 한꺼번에 몰려드는 것 같습니다. 피로에 굴복해야 하기 때문입니다. 피로는 우리의 조그만 몸보다 더 현명합니다. 그래서 몸에 휴식을 주어야 합니다. ... 편지 모음, 2권

관계

오래 전에 사라진 민족들의 노래에서
간혹 친근한 음이 우리 마음속을 파고들어
이에 사로잡힌 우리는 아스라한 고통으로
귀 기울이네, 그곳이 고향인가 하고.

우리의 심장 박동도 때로 이와 마찬가지지,
태양과 별의 운행에 발맞추어
우리의 잠과 깨어 있음을 지켜보는
세계의 심장에 단단히 사로잡힌 채.

그리고 우리의 가장 분방한 소망의 흐릿한 밀물,
그리고 우리의 가장 뻔뻔스런 꿈들의 낙인은
아직 쉬지 못하고 있는 근원적 정신이야.

그래서 우리는 손에 우리의 횃불을 들고 가지,
태곳적의 성스러운 불꽃을 간직한 횃불을,
그리고 영원히 새로운 태양들을 향한 채.   ... 시집

나는 인간에게 놀라운 가능성이 있음을 믿습니다. 온갖 허접한 쓰레기더미 속에서도 꺼지지 않고, 말할 수 없이 타락한 상태에서도 본연의 자세로 되돌아오는 가능성 말입니다. 그리고 나는 이러한 가능성이 너무 크고 유혹적이어서 때로는 그것이 희망으로 느껴질 수 있다고 생각합니다.

그리고 보다 더 고상한 가능성을 꿈꾸게 해주고, 인간을 동물적인 상태에서 벗어나게 해주는 힘은 그것이 오늘은 종교로, 내일은 이성으로, 모레는 또 다른 무엇으로 불리든 상관없이 언제나 동일한 것일지도 모릅니다. 실제적인 인간, 가능한 인간, 꿈꿀 수 있는 인간 사이에서 오락가락하고 동요하는 것은 종교가 이를 인간과 신의 관계로 파악하는 것과 동일한 것입니다.

... 편지 선집

사상과 시로 가득 찬 세계의 모든 책들은 감정이 출렁이고 물결치는 한 순간의 흐느낌에 대해, 영혼이 자신을 깊이 느끼고 발견하는 한 순간의 흐느낌에 대해 반감을 갖고 있지 않다. 눈물은 영혼의 얼음이 녹아 내리는 것이며, 천사는 눈물을 흘리는 사람들 가까이에 있다.

... 동화, 전집 6

그대도 이를 아는가

그대도 이를 아는가,
때로 공공연한 쾌락의 와중에
잔치 때나 흥겨운 홀에서
그대는 갑자기 침묵하며 가버려야 하는가?

그런 다음 그대는 자지 않고 침상에 몸을 눕히네.
갑자기 가슴이 아픈 사람처럼
쾌락과 너털웃음은 연기처럼 흩어져버리고
그대는 끊임없이 울고 또 우네— 그대도 이를 아는가?

... 시집

건강한 사람이라면 무언가를 이루려고 한다. 하지만 무모한 야심을 지닌 사람은 '가장 위대한 사람'이 되고자 한다.

... 1958년 8월의 비망록

'내가 살아가는 방식이 과연 올바른 것인가?' 하고 물어서는 안 됩니다. 이에 대한 대답이란 존재하지 않기 때문입니다. 모든 방식은 다른 모든 방식과 마찬가지로 올바릅니다. 모든 방식은 한 조각의 삶입니다. 그러므로 차라리 이렇게 질문해야 합니다.

'나는 이제 있는 그대로 존재하므로, 다른 많은 사람들에게는 없는 것으로 보이는 욕구와 문제점을 내 마음속에 지니고 있다. 그럼에도 참고 살아가며 가능한 한 삶을 무언가 아름다운 것으로 만들기 위해 난 무엇을 해야 하는가?' 라고 말입니다.

당신이 정녕 마음속 깊은 내면의 소리를 듣는다면 그 대답은 아마 이럴지도 모르겠습니다. "그대는 이미 이 세상에 존재하므로 당신과 다르다고 해서 다른 사람들을 부러워하거나 경멸해서는 안 됩니다. 그대의 존재가 올바른지를 물어서는 안 되며, 그대의 영혼과 욕구를 그대의 몸이나 이름, 신분 등과 마찬가지로 그대에게 주어진 불가피한 것으로 참고 견뎌야 합니다. 온 세상이 이에 반대한

다 하더라도 우리는 이에 대해 긍정적으로 말하고 이를 옹호해야
합니다."
... 편지 선집

투쟁은 세상에 대한 올바르고 훌륭하며 현명한 태도가 아니다. 긍정적으로 말하고, 정당성을 인정하며, 차분히 동의하는 것만이 현명하고 올바른 태도다. 이런 능력을 갖추지 못한 곳에서는 내적인 무질서와 억압이 일어나곤 했다. 사람들은 이것들을 터무니없이 밖으로 터뜨렸으며 이런저런 투쟁을 하는 가운데 참아내려고 했다.

그리하여 여러 민족들이 불쾌한 일이 생기면 행동에 나서기도 했다. 적을 만들어 대포를 쏘거나 신문 지상에서 공격했다. 아니, 어쩌면 그러한 투쟁이나 공격이 불가피한 것이었을지도 모른다. 그렇지만 이는 항상 잘못된 일이었고 화를 자초했다. ... 쓰라린 종말, 어떤 유고의 단편

당신이 진보라고 일컫는 것은 인류의 전체 정신사가 그렇듯이 대규모 집단에 의해서가 아니라 '선의'를 품은 소수에 의해 이루어집니다. 늘 그러했습니다. 이러한 소수의 사람들이 권력을 얻는 곳

에서는 어디서나 별안간 지상에 종교와 문화라는 신적인 것이 생겨납니다. 그리고 우리의 과제는 교정할 수 없는 세계를 바로잡는 것이 아니라, 사실 언제나 이러한 소수를 일으켜세워 위협받고 있는 신의 조그만 나라가 사멸하지 않게 하는 것입니다.　… 편지 모음, 2권

우리는 진보나 낭만, 발전이나 퇴보가 중요한 게 아니라 그것이 우리 밖에 있는지 아니면 내면에 있는지가 중요하다는 것을 이성과 마음을 통해 알고 있습니다. 그리고 우리가 두려워하는 것은 철도나 자동차, 돈과 이성이 아니라 신을 잊거나 영혼을 천박하게 하는 일이라는 것도 알고 있습니다.　… 미공개 편지

삶의 의미와 인간의 고상한 사명을 신뢰하는 사람이라면, 그가 어떤 종파에 속하고 어떤 신을 믿든 오늘날 혼돈의 세계에서 소중한 사람입니다.　… 편지 선집

나는 어떤 사람이 어떤 믿음을 지니고 있는가 하는 것이 아니라 그가 믿음을 지니고 있다는 사실이 가장 중요하다고 생각한다.

... 문학 노트, 전집 12

본질은 사물의 배후 어딘가에 있는 것이 아니라, 사물 내면에, 모든 것 안에 있다.

... 싯다르타, 전집 5

지혜의 목적은 사람들이 스스로 원하는 만큼 자신에 대한 많은 힘을 사물에 부여하는 것이고, 자신의 운명을 더 이상 외부로부터 받아들이지 않고 자신의 내부에서 호흡으로 받아들이는 것입니다.

... 1918년 10월 4일의 미공개 편지

운명이 외부에서 오는 사람은 맹수가 화살에 맞아 쓰러지듯이 운명에 맞아 쓰러진다. 운명이 내부와 자신의 가장 고유한 데서 오는 사람은 운명으로 강해지며 신과 같이 된다.

... 차라투스트라의 귀환, 전집 10

무릇 인간이라면 누구에게나 태어날 때부터 이미 정해진 자기 나름의 운명이 있는 법입니다. 그리고 간혹 그가 이러한 운명을 스스로 선택하는 듯이 보이기도 합니다. 이토록 확실하게 그는 자신에게 이미 정해진 일을 경험합니다.

... 편지 모음, 3권

모든 사람은 자기 자신일 뿐만 아니라, 이 세상에 단 하나밖에 없는 아주 특별한 존재이기도 하다. 세상의 현상들이 두 번도 아니고 단 한 번 서로 교차해 일어난다. 그러므로 모든 사람의 이야기는 중요하고 영원하며 신성하다. 그러므로 모든 사람은 이럭저럭 살아가며 자연의 의지를 이행하는 동안에는 놀라운 존재이며 주목받을 만하다.

... 데미안, 전집 5

고백

그대의 유희에 푹 빠져, 기꺼이
사랑스러운 빛이 나를 지켜보네.
다른 것들에는 목표와 목적이 있건만
나로서는 사는 것으로 이미 족하지.

나에게 지금껏 의미를 부여한 모든 것을
비유가 나에게 비추어주려고 한다.
내가 늘 생생하게 느꼈던
하나인 그 무한한 것의 의미를.

그러한 상형문자를 읽으면
언제나 사는 보람이 있을 거야,
내 마음속에 영원한 것, 본질이
살고 있음을 알기 때문이지.

... 시집

복종은 미덕이다. 다만 '누구'에게 복종하느냐가 문제일 뿐이다. 고집도 복종이다. 인간이 정한 법에 복종하면 사랑과 칭찬을 받는다. 이런 법에 관심을 보이지 않는 것은 고집뿐이다. 고집스러운 사람은 인간이 만든 법과는 다른 법에, 즉 자신의 '감각'에 복종한다.

... 고찰, 전집 10

나는 삶의 의미심장함과 무의미함에 책임이 없다고 생각합니다. 하지만 나 자신의 일회적인 삶으로 자신이 무엇을 시작할 것인지에 대해서는 책임이 있다고 생각합니다.

... 편지 선집

누구나 자기 자신만의 고유한 인간이 되고자 하는 것은 아닙니다. 그 길은 위험하고 고통스럽지만, 다른 사람들이 알지 못하는 행복과 위안을 주기도 합니다.

너무 걱정하지 마십시오. 어린 시절로 도망치지 말고, 고집불통과 오만불손으로 도망치지도 마십시오. 둘 다 당신에게 아무런 도움이 되지 않을 겁니다. 당신 내면의 최상의 것과 가장 강한 것을

긍정하십시오! 그러면 벌써 일이 잘 풀려갈 겁니다.　　　... 편지 선집

　어떤 사람이 자신의 삶을 정당화하려 한다면, 문제는 객관적이고 보편적인 성취 정도가 아니라 자신에게 주어진 본질을 자신의 삶에서 얼마나 완전하고도 순수하게 표현하느냐입니다.　... 편지 선집

　우리의 미래를 보장해주는 인물들을 다시 가지려면 우리는 정부 형태나 정치적 방법을 찾으려 할 게 아니라 인격을 도야하는 일을 시작해야 한다.　　　　　　　　　　... 차라투스트라의 귀환, 전집 10

　인류의 모든 신화와 같이 성서의 신화 또한 우리와 우리 시대를 위해 해석하지 않으면 아무런 가치가 없습니다. 하지만 해석을 하고 나면 매우 중요한 것이 됩니다.　　　　　... 편지 선집

사람들은 살아갈 뿐만 아니라 살아지기도 합니다. 그리고 이것이야말로 우리 같은 사람이 갖기 쉽지만 결코 품어서는 안 되는 무익한 열등감에 대한 유일하고도 좋은 위로가 됩니다. 우리는 살아집니다. 즉 우리 자신이 원하고 결정하는 것 말고도 우리의 삶은 우리가 다스리지 못하는 수많은 힘에 의존합니다. 가족, 국가, 사업, 경기, 질병 등, 이 모든 것은 관계와 종속의 망입니다. 엄밀히 말하자면 이러한 망은 우리의 책임이 아니라 신이나 세계 전체의 책임입니다. 어떤 경건한 사람이 자기 자신은 걱정하지 않고 자신이 믿는 신에게 걱정거리를 털어놓는다고 말한다면, 그는 우리가 가능한 한 많이 배워야 하는 일을 하는 셈입니다.   ... 1948년 5월의 미공개 편지

  던져진 공처럼 모든 사람에게는 이미 인생 행로가 정해져 있는지도 모른다. 그래서 운명이 자신을 강요하거나 조롱한다고 생각하지만, 진작부터 정해진 행로를 따르는 것에 불과하다. 하지만 어쨌거나 운명은 우리 안에 깃들어 있지 우리 바깥에 있는 것이 아니다. 이로써 삶에서 피상적이고 눈에 보이는 사건은 별로 중요하지 않게 된다. 그리하여 우리가 심각하게 생각하고 비극적이라고 일컫는 것이 하찮은 일이 되는 경우가 허다하다. 그래서 비극적으로

보이는 사건에 무릎을 꿇는 사람들은 자신이 거들떠보지도 않던 일에 시달리며 무너지고 만다.　　　　　　　... 이 세상에서, 전집 2

　인간은 지상을 정복했지만, 훌륭한 지배자는 아닙니다. 천국이 우리를 기다리는 것은 아닙니다. 깨달은 사람, 고결한 사람들은 가르침이나 설교보다는 자신이 있는 자리에서 의미 있게 살려고 노력하면서 자기가 맡은 바를 다합니다.　　　　　　　... 편지 선집

　무엇이 좋고 무엇이 나쁜지 나는 알지 못합니다. 나는 점점 더 그것이 의심스러워졌어요. 원초적 충동과 의식적인 삶 사이에 조화를 이루었다면 그는 훌륭한 사람입니다. 반면에 그렇지 않다면 나쁘고 위험합니다.　　　　　　　... 1919년의 미공개 편지

　나이가 들면 사람들은 자연의 변덕뿐만 아니라 인간과 민족의

삶에서 부딪히는 도덕적인 현상, 즉 혼란과 타락까지 받아들이려는 경향이 있습니다. 그리하여 어떤 시련이 닥쳐도 다시 풀이 자라고 꽃이 피며, 어떠한 광기를 부리더라도 민족들은 도덕적인 기본 욕구로 되돌아온다는 낙관적인 전망을 하게 되지요. 이 모든 것에도 불구하고 그래도 그러한 기본 욕구에는 어떠한 안정성이나 규범이 내재해 있는 것 같습니다. ... 1939년 6월 14일의 미공개 편지

나이 들면서 인간적인 품위를 유지하고 나이에 맞는 태도와 지혜를 갖는다는 것은 어려운 기술입니다. 대체로 영혼은 육체보다 앞서거나 뒤처지기 일쑤입니다. 그리고 이러한 차이를 없애려고 하는 이유는 내적인 감정의 충격 탓이고, 인생의 전환점에서 우리를 덮치곤 하는 삶의 근원에 대한 두려움 탓입니다. 그렇지만 사람들은 어쩌면 작아도 되고, 약한 존재라고 느껴도 괜찮다고 생각합니다. 아이들이 어려운 일을 겪은 후에 실컷 울고 나서 어느새 균형을 회복하듯이 말입니다. ... 편지 선집

나이를 먹는다는 것은 자연스러운 과정입니다. 예순다섯이나 일흔다섯인 남자가 더 젊어지기를 바라지 않는다면 서른이나 쉰인 남자와 마찬가지로 건강하고 정상입니다. 하지만 유감스럽게도 나이가 많다 해서 항상 한 단계 위에 있는 것은 아닙니다. 자기 나이보다 앞서는 일도 허다하고, 또한 그 나이에 못 미치는 경우도 많습니다. 이럴 때 의식과 감정은 신체보다 덜 성숙해서 신체의 자연스러운 현상에 저항하며, 자신이 할 수 없는 무언가를 스스로에게 요구합니다.

... 헤르만 헤세와 한스 슈투르체네거의 편지 교환

불합리한 것이 분명하지만, 그래도 나는 산다는 것이 의미가 있다고 생각합니다. 나는 이러한 궁극적인 의미를 이성으로 포착할 수 없다는 견해에 동의합니다. 하지만 그러다가 나 자신이 희생될 위험이 있다 하더라도 나는 이성을 옹호할 것입니다. 이러한 믿음은 누가 명령하거나 강요할 수 있는 게 아닙니다.

이러한 믿음은 체험할 수 있을 따름입니다. 이를 체험할 수 없는 사람은 자신의 믿음을 교회나 학문에서, 애국자나 사회주의자들 틈에서, 또는 도덕이나 강령 및 처방이 있는 어딘가에서 찾습니다.

... 편지 선집

그것을 잊지 말라

그리 혹독하고 덥지 않아,
저녁은 낮을 측은히 여기지 않아.
호의적이지는 않지만 부드럽고도 포근히
어머니 같은 밤이 저녁을 껴안네.

내 마음, 그대도 자신을 위로하라,
그리움에 아무리 애가 타더라도
어머니처럼 부드러운 팔로 그대를 감싸안는
밤이 가까워지네.

낯선 손으로 준비된
그것은 침대가 되고, 가구가 되지,
정처 없이 떠도는 나그네에겐,
그 속에서 그대는 마침내 안식을 얻는구나.

그것을 잊지 말라, 나의 거친 마음이여,
그리고 모든 쾌락을 그리워하며 사랑하라,

그리고 가혹한 고통도 사랑하라,
영원히 안식을 얻기 전에.

그리 혹독하고 덥지 않아,
저녁은 낮을 측은히 여기지 않아.
호의적이지는 않지만 부드럽고도 포근히
어머니 같은 밤이 저녁을 껴안네.

... 시집

자러 가면서

이제 낮이 나를 피곤케 했으니,
별이 총총 빛나는 밤은
지친 아이를 맞듯 친절하게
나의 애타는 요구를 맞아들여야 하네.

손은 온갖 행동을 접고
이마는 모든 생각을 잊어버려,
이제 나의 모든 감각은
꾸벅꾸벅 잠에 빠지려 하네.

그리고 영혼은 아무런 감시도 없이
자유로운 날개로 떠돌려 하네,
밤의 마력이 미치는 범위에서
깊이 수천 배로 살기 위해.

... 시집

행복은 대상이 아니라 재능이다

기쁨, 행복, 명랑함과 유머에 관하여

행복이란 '무엇'이 아니라 '이떻게'며, 대상이 아니라 재능입니다.

... 편지 모음, 1권

아름다움이란 이를 소유한 사람을 행복하게 하는 것이 아니라 이를 사랑하고 숭배하는 사람을 행복하게 해준다. ... 조그만 기쁨

부자는 잘 지낼 수 있을지 모르지만, 반드시 잘 지내는 것은 아니다.

... 조그만 기쁨

어떤 사람에게 영혼이 부족하다는 말은 우리와 정반대되는 기업가나 이익을 추구하는 사람들이 수익성을 따지고 기업가 정신을 갖고 일하는 것을 우리가 제대로 이해하지 못하는 것과 같다. 우리의 낭만적이고 시적인 미숙함이 세상을 정복하는 기술자들의 치기 어린 확신보다 더 유치하지는 않을 것이다. 그들은 우리가 신을 믿듯

이 자신의 계산기를 믿다가 자기가 만든 규칙이 흔들리면 화를 내거나 불안에 빠지고 만다. 대도시 문학이 우리 같은 낭만주의자나 감상주의자를 비웃지만 우리가 낡은 성벽이 무너지려 한다고 해서 여론에 호소하거나 예비군을 동원하는 멍청한 광신자는 아니다. 우리도 실리에 밝은 사람들만큼이나 현명하고, 마음속으로는 진보주의자들보다 더 미래를 믿고 열망할지도 모른다.

... 그림책, 전집 6

내일 무슨 일이 일어날지 모르는 불안감 때문에 우리는 오늘과 현재를 잊어버리고, 이로써 현실을 잊게 됩니다. 오늘과 낮, 시간과 모든 순간에 자신의 권리를 부여하십시오. ... 1930년대의 미공개 편지

생산적인 일을 하면서 기쁨을 얻는다면, 비록 평범하게 살아가는 사람이라 하더라도 그의 삶은 풍요롭습니다.

... 1929년 1월 10일의 미공개 편지

예수가 재림하는 순간은 좋거나 올바르거나 행복한 순간입니다. 크든 작든 하나의 작품이 만들어지려면 의도가 아닌 행복한 순간이 필요합니다. 다른 사람의 부탁은 더더욱 아닙니다. ... 편지 모음, 4권

무언가를 찾는 사람은 자신이 찾는 사물만을 보게 된다. 다른 것은 아무것도 눈에 들어오지 않고, 아무것에도 마음을 쓰지 못한다. 이것은 그가 항상 자신이 찾는 것만 생각하기 때문이고, 목표가 있기 때문이며, 목표에 사로잡혀 있기 때문이다. 찾는다는 것은 목표가 있다는 말이다. 하지만 찾았다는 것은 자유롭고 마음을 열어놓으며 목표가 없다는 말이다. ... 싯다르타, 전집 5

나에게 중요한 일들을 계속 의식하는 게 아니라, 내가 의식과 무의식의 영역 사이에서 좋고 가벼우며 유연한 관계를 갖는 것만이 자아의 가치를 높이는 데 결정적으로 중요하다. 우리는 생각하는 기계가 아니라 살아 있는 유기체인 것이다. ... 조그만 기쁨

행복

그대가 행복을 추구하는 한
행복해지지 않는 법,
모든 연인이 그대의 연인이라 하더라도.

그대가 잃어버린 것 때문에 안타까워하는 한
목표를 갖고 부단히 노력한다면
평화가 무엇인지 아직 알지 못하지.

모든 소망을 단념할 때,
목표도 욕구도 더는 알지 못할 때,
행복이라는 말을 더는 입에 올리지 않을 때야 비로소,

그러면 더 이상 밀려오지 않지, 사건의 밀물이,
그런 다음에야 그대 영혼이 안식을 얻게 되지.

... 시집

감정이나 감상을 버리거나 미워하지 못하고 스스로 이렇게 묻는다는 점에서도 나는 현대적인 사람이 아니다. 감정이 없으면 무엇으로 살고 어디서 삶을 느낄까? 내가 느끼지 못하고 내 영혼이 감동을 받지 못한다면 가득 찬 돈 자루가 있다 한들 무엇 할 것이며, 은행 계좌에 돈이 많다 한들 무엇 할 것이며, 잘 다려진 바지나 예쁜 소녀가 무슨 소용이 있을까?

아니다, 내가 다른 사람에 대한 감상은 아무리 미워하더라도 나 자신에 대한 감상은 사랑하고, 오히려 약간 비위를 맞추고 있다. 감정, 섬세함, 동요하는 영혼의 가벼운 흥분, 그러니까 이것이 나의 지참금이며, 이것으로 나의 삶에 대항해야 한다.

내가 근육을 믿고 레슬링 선수나 권투 선수가 되었더라면 아무도 나한테 내 근육의 힘을 별것 아닌 것으로 생각하라고 요구하지 않을 것이다. 내가 계산을 잘해서 큰 회사 사장이 되었더라면 아무도 내 계산 실력을 열등감의 소산이라고 나를 업신여기지 않을 것이다.

하지만 요즘 세상은 시인에게 이런저런 요구를 한다. 영혼의 흥분, 사랑에 빠지는 능력, 사랑하고 불태우며 헌신하는 능력, 들은 적이 없는 감정의 세계에서 체험하는 능력을 미워하고 부끄러워하하고 요구한다. '감상적'이라고 불릴 수 있는 것은 모두. 요즘 젊은 시인들은 그런 요구를 받아들이기도 한다.

그들은 그렇다 하더라도, 나는 그렇게 하지 않겠다. 나에게는 내 감정이 세상의 예리함보다도 수천 배 더 사랑스럽다. 그리고 이러한 감정들만이 전쟁 중에 군대식 감상에 빠져들지 않도록 나를 지켜준다.
... 뉘른베르크 여행기, 전집 7

우리의 마음은 행복을 원하고, 외부에 있는 것과 기분 좋은 조화를 이루기를 원한다. 어떤 사물과의 관계가 사랑과는 다른 것이 되는 순간부터 이러한 조화는 깨어진다. 사랑할 의무는 사라지고, 행복해질 의무만 존재할 뿐이다.

우리가 이 세상에 사는 이유는 오로지 행복해지기 위해서다. 의무와 도덕, 계율이 행복을 주는 경우는 아주 드물다. 그것만으로는 행복해지지 않기 때문이다. 사람이 '선' 할 수 있다면 마음속으로 조화를 이룰 때, 행복할 때만 그럴 수 있다. 그러니까 사랑하고 있을 때만.
... 조그만 기쁨

여행의 노래

태양이 내 마음을 비추어주었네,
바람이여, 나의 걱정과 무거운 마음을 날려버리렴!
이 세상을 두루 돌아다니는 것보다
더 커다란 희열은 없네.

평지를 향해 서둘러 발걸음을 옮기다 보면
햇볕에 내 몸이 그을리고, 바다는 나를 시원하게 해주네.
나는 모든 감각을 활짝 열고
지상에서의 삶을 함께 느끼지.
새 날이 올 때마다
새 친구, 새 형제들을 사귀면서
온갖 별들의 손님이자 친구일지도 모르는
온갖 힘을 기어코 찬미할 때까지.

... 시집

너의 존재를 깊은 호수라고 생각하라. 호수의 표면은 작다. 이 표면이 의식이다. 그곳은 환하게 밝으며, 그곳에서 우리가 생각이라고 일컫는 일이 이루어진다. 하지만 호수의 표면을 이루는 부분은 지극히 작다. 가장 멋지고 가장 흥미로운 부분일지도 모른다. 공기나 빛에 닿으면서 물이 새로워지고 바뀌며 많아지기 때문이다. 그렇지만 표면에 있는 물조차도 끊임없이 변하고 있다. 물은 늘 위아래로 일렁이며 계속 흐르면서 평평해졌다가는 다시 내려간다. 물은 한 번씩 위로 올라가 보려고도 한다.

호수가 물로 이루어져 있듯이 우리의 자아나 영혼(이름이 중요한 것이 아니다)은 수천, 수만 개의 부분들로 이루어져 있다. 계속 성장하고 변화해가는 소유와 기억, 인상으로. 그중에서 우리의 의식이 볼 수 있는 것은 조그만 표면이다. 그 안에 담긴 무한히 더 큰 부분은 보지 못한다. 내가 보기에 영혼은 풍요롭고 건강하며, 다행히도 능력이 있어 보인다. 그곳에서는 커다란 어둠에서 빠져나와 빛이 드는 조그만 공간을 향하여 지속적으로 신선한 유입과 교환이 이루어진다.

... 조그만 기쁨

깊은 명상을 하면서 시간을 떨쳐버릴 수 있고, 존재한 모든 것과 존재하는 모든 것, 되어가는 삶을 동시에 볼 수 있다. 이때는 모든 것이 좋고 완벽하며, 모든 것이 브라만(인도 철학의 최고 원리로 우주 만물을 생성하고 지배하는 영원한 힘-옮긴이)이다. 이 때문에 나에게는 존재하는 것이 좋게 생각되고, 죽음은 삶처럼, 죄악은 신성함처럼, 현명함은 우둔함처럼 여겨진다.

    모든 것은 이렇게 존재해야 하고, 모든 것은 나의 찬성과 승낙, 나의 사랑하는 동의를 필요로 한다. 이리하여 나에게 좋은 것이 결코 나에게 해를 끼칠 수 없다. 저항을 포기하는 법을 배우도록, 세상을 사랑하는 법을 배우도록, 이 세상을 내가 바라고 상상하는 세상, 내가 생각해낸 완벽한 세상과 더 이상 비교하지 않고, 있는 그대로의 세상을 사랑하고 기꺼이 그 안에 소속되도록, 내가 죄악과 육욕, 물욕, 허영심 그리고 창피스럽기 짝이 없는 절망을 필요로 했음을 나는 나의 육체와 영혼을 통해 경험했다.   ... 싯다르타, 전집 5

    구름 덮인 하늘에서 흐릿한 골목으로 떨어지는 햇살. 무엇을 비추든 상관 없다. 바닥에 뒹구는 병조각, 너덜너덜 찢어진 벽보, 아이들의 금빛 머리카락. 햇살은 언제나 빛을 주고, 마법으로 세상을 아름답게 만든다.   ... 문학 노트 기쁨이 멋진 것은 그것이 분에 넘치게 다가오고, 절대 돈으로는 살 수 없기 때문이다.
... 그림책, 전집 6

시대에 뒤떨어졌지만 오래전부터 내가 개인적으로 생각해온 방법을 말하고 싶다. 적당히 즐기는 것이 곧 두 배로 즐기는 방법이라는 것이다. 그렇지만 조그만 기쁨을 결코 간과하지 말라!

분수를 지켜라. 새로 나온 흥행작을 꼭 볼 필요는 없다고 생각하는 데는 용기가 필요하다. 더 나아가 새로 나온 문학 작품을 몇 주일이 지나도록 알지 못해도 괜찮다고 생각하는 데는 용기가 필요하다. 많은 사람들이 오늘 신문을 읽지 않으면 웃음거리가 된다고 생각한다. 그렇지만 나는 이러한 것을 포기하는 용기를 지녔음을 후회하지 않는 몇몇 사람을 알고 있다.
...조그만 기쁨

사랑을 결코 돈으로 살 수 없듯이, 세상에서 최상의 것, 가장 아름다운 것, 가장 탐낼 만한 것에 대해서는 자신의 영혼으로만 값을 치를 수 있다. 영혼이 순수하지 않은 사람, 선을 행하지 못하고 최소한 선을 믿지도 않는 사람에게는 최상의 것과 가장 고상한 것이라도 더 이상 순수하고 가득 넘치게 울려오지 않는다. 그런 사람은 영원히 작아지고 망가지고 흐릿해진 세계상으로 만족해야 한다. 그가 이런 세계상을 만들어낸 까닭은 자신을 고통스럽고 궁핍하게 만들기 위해서다.

... 고찰, 전집 10

우리의 삶은 쇠퇴와 형성, 몰락과 소생이 끊임없이 되풀이된다. 그리하여 우리 문화의 몰락을 암시하는 암울하고 애처로운 모든 징조에 형이상학적인 욕구의 새로운 눈뜸, 새로운 사유 능력의 형성, 우리의 삶에 새로운 의미를 부여하기 위한 열정적인 노력을 암시하는 보다 밝은 다른 징조가 맞서고 있다.

... 조그만 기쁨

친근한 길들이 서로 만나는 곳에서는 세상이 잠시 고향처럼 보인다.

... 데미안, 전집 5

푸른 나비

바람에 나부끼며
조그만 푸른 나비 날갯짓을 하네,
진주색 소낙비가
반짝이고 번쩍이며 지나가네.
이처럼 순간의 번쩍거림으로
이처럼 지나가는 바람 속에
나에게 눈짓하고, 반짝거리며
행복이 지나가는 것을 보았네.

... 시집

헌신의 행복, 무욕의 행복, 기꺼이 도와주고서 얻는 행복은 값진 것이다! 다른 어떤 길도 삶의 통일성과 신성함을 그토록 빠르고 확실하게 알려주지 않는다! 어떤 길도 삶의 지혜를 터득하도록, 즐거이 이기심을 극복하도록 해주지 않는다. 그것도 개성을 포기하는 것이 아니라 이를 고도로 발전시킴으로써 말이다.　... 양심의 정치학

환상은 만족과 유머, 지혜의 어머니다. 환상은 인간과 객관적인 주변 환경 사이에서 내적으로 조화를 이루는 토대 위에서만 활짝 꽃핀다. 이러한 환경이 아름답고 독특하며 매력적일 필요는 없다. 시간만 있으면 우리는 환경과 하나가 될 수 있지만, 오늘날 우리는 어디서든 그것이 부족하다.　... 삼분 독서

행복은 내일에 대해 아무것도 요구하지 않고 오늘이 가져다주는 것을 감사하는 마음으로 받아들일 때만 존재합니다. 그래도 마법의 시간은 언제나 되풀이해서 찾아오는 법입니다.

... 1922년의 미공개 편지

시간을 중요하게 생각하고 분초를 다투는 것이 삶에서 가장 중요한 원동력이라고 생각하는 태도는 기쁨의 가장 위험한 적이다. 여기서 수많은 표어가 만들어진다. 그렇게 해서 얻을 수 있는 만족은 점점 더 커지지만 기쁨은 점점 더 줄어든다.　　　... 조그만 기쁨

영혼이 병든 사람들이 능력을 잃고 돈에 대한 믿음이 흔들릴 때, 그것은 불행이 아니라 오히려 가장 확실하고 유일한 구원으로 여겨진다. 이와 마찬가지로 나는 일과 돈만을 숭배할 것이 아니라 순간의 유희나 우연에 대해 열려 있는 자세가 오늘날 우리의 삶에 부족하지만 꼭 필요하다고 생각한다.　　　... 요양객, 전집 7

가족과 멀리 떨어져 슬픔에 잠겨 있을 때, 그대는 좋은 격언이나 시를 읽곤 한다. 아름다운 음악, 경치, 살면서 순수하고 행복했던 순간을 떠올려보라! 그리고 심각해질 때는 지금 이 순간이 좀더 밝아지고, 미래가 좀더 위안을 주며, 삶이 좀더 사랑스러워지는 기적이 일어나지 않을까 생각해보라!　　　... 빈둥거림의 기술

행복을 체험하려면 무엇보다 시간에 얽매이지 않아야 한다. 다시 말해서 희망이나 두려움에도 얽매이지 않아야 한다.

... 후기 산문, 전집 8

정신이 발명한 것 중 하나가 '시간'이라는 것이었다. 그것은 세상을 복잡 다양하게 만들고, 자신을 내적으로 더욱 괴롭히는 우아한 발명품이자 세련된 도구다! 이 시간 때문에 인간은 자신이 갈구하는 모든 것으로부터 항상 격리된다. 오로지 이 대단한 발명품, 시간 때문에! 시간은 인간이 자유로워지기 위해 무엇보다 먼저 버려야 할 버팀목이다.

... 클라인과 바그너, 전집 5

우리에게는 어떤 의미를 부여할 수 없고 어떤 소중한 표현도 할 수 없는 불행한 일도 행복한 일도 벌어지는 게 아니라는 믿음을 나는 예나 지금이나 갖고 있습니다. 나를 위해서나 다른 사람들을 위해서나 이러한 믿음을 포기하지 않습니다. ... 1930년 2월 21일의 미공개 편지

하늘색

오, 순수하고 놀라운 광경이구나,
평화롭고 진지하고 사랑스럽게
보라색과 금색으로 모습을 드러내면,
그대 빛나는 하늘색이여!

기쁨에 넘쳐 쉬기 위해
행복이 정박하고 있는 푸른 바다를
그대가 상기시켜주고, 마지막 한 방울
지상의 우수가 노에서 떨어지누나.

... 시집

명랑함은 장난도, 자아 몰입도 아니다. 이는 고도의 인식이자 사랑이며, 모든 현실의 긍정이고, 깊은 곳과 낭떠러지 끝에서 깨어 있는 것이다. 이는 아름다움의 비밀이자 예술의 본질적인 실체다.

... 유리알 유희, 전집 9

고향이라는 것도 평소에는 별로 아쉬운 적이 없어서 전혀 생각해보지 않는, 단순한 욕구에 속합니다. 그렇다고 해서 이 말이 조국을 의미하는 것은 아닙니다. 이는 보다 고상하고 정신적인 재질이자 욕구에 속합니다. 이는 어린 시절의 일들을 떠올리게 해주는 최상의 추억으로 보존된 상을 말합니다.

이러한 상이 그토록 아름다운 것은 고향이 다른 세계보다 절대적으로 더 아름답기 때문은 아닙니다. 이 상이 그토록 아름다운 것은 우리가 어린이다운 해맑은 눈으로 처음으로 감사하는 마음을 품고 이것들을 보았기 때문입니다. 이는 감상적인 생각이 아닙니다.

우리가 정신의 최고 단계에 이르지 못했을 때 우리가 갖는 가장 확실한 것, 이것이 고향입니다. 이것은 여러 가지로 이해할 수 있습니다. 고향은 풍경일 수도 있고, 또는 정원이나 작업장이나 종소리일 수도 있고, 또는 냄새일 수도 있습니다.

이때 문제가 되는 것은 시간에 대한 추억이고, 삶에서 최초로 느낀 가장 강렬하고 신성한 인상에 대한 추억입니다. 이것이 마음속 깊은 곳을 건드리고, 우리가 아주 어린 시절부터 지니고 있는 조그맣고 확실한 보물을 건드립니다. 여기에는 여러 인상들이 서로 뒤섞여 있습니다. 사람들은 종종 이를 별로 중요하게 평가하지 않습니다. 하지만 이 모든 게 합해지면 더 이상 수정하지 않아도 될 만큼 대단한 해결책이 됩니다.   ... 편지 모음, 1권

어느 가문의 사람들이 유전적으로 특정한 재능이 있고 그것에 헌신적으로 마음을 쏟는다면 이보다 더 아름다운 일은 없습니다. 이때 특히 친밀하고 깊이 있는 전통이 생겨나고, 가장 훌륭하고 신성한 것이 계속 발전하며 전승됩니다. 그러한 전통과 재능이 있는 가문은 관청에서 정한 온갖 강령보다 더 확고한, 학교와 교양의 버팀목입니다.   ... 1950년 8월 22일의 미공개 편지

아주 면밀하게 따져보아 현재 값지고 소중한 것으로 드러나는 것

만 얻으려고 해서는 안 된다. 오히려 순수하게 향유하는 기술, 차분히 직관하는 기술, 가치를 인정하는 기술은 어떤 대담하고 섬세한 지성인이라도 우리에게서 빼앗아 가서는 안 되는 하나의 자산이다. 누군가가 이것을 빼앗아 간다면 그는 세상의 이성이 다시 줄 수 있는 것보다 더 많이 문화를 파괴한다. ... 이탈리아

향유하는 힘과 추억하는 힘은 서로 떨어질 수 없는 관계이다. 향유한다는 말은 과일의 달콤한 즙을 남김없이 짜내는 것을 일컫는다. 그리고 추억이란 말은 한번 향유한 것을 꽉 붙들고 점점 더 순수하게 다듬어가는 기술을 일컫는다. ... 그림책, 전집 6

깊이는 맑음과 청명함 속에 있다. ... 유리알 유희, 전집 9

수준 높은 유머는 사람들이 자신을 심각하게 생각하지 않는 데

서 시작한다.
             ... 황야의 이리, 전집 7

아름다움은 진리가 밖으로 모습을 드러낸 형태의 하나입니다.
                  ... 편지 선집

법을 중시하면서도 그 위에 서서 법을 소유하는 것은 세계가 아닌 듯한 세계에 사는 것, 포기라는 것을 몰라 포기라는 게 없는 듯한 세계에 사는 것— 이렇게 인기 있고 사람들 입에 자주 오르내리는 드높은 삶의 지혜를 표현할 수 있는 것은 오로지 유머뿐이다.
              ... 황야의 이리, 전집 7

현명한 사람도 어리석음에 맞서기 위해서는 유머 말고는 다른 무기가 없습니다.
             ... 1950년 7월의 미공개 편지

모래에 쓴 글

아름답고 매혹적인 것은
하나의 입김과 전율에 불과하고,
소중하고 황홀하며 사랑스러운 것은
일시적인 것에 불과해.
구름과 꽃과 비누거품과
불꽃놀이와 아이들 웃음 소리,
거울을 들여다보는 여인의 눈길,
그리고 많은 다른 놀라운 사물들,
눈에 보이는가 싶더니 사라지고
잠깐밖에 지속되지 않아,
향기와 부는 바람만 남을 뿐,
아, 우리는 이를 알고 있어, 슬프게도.
그리고 지속적인 것과 고정된 것은
우리에게 내적으로 그리 소중하지 않아.
차가운 불을 머금은 보석,

찬연히 빛나는 무거운 금괴와 같은,
수를 헤아릴 수 없는 별들조차도
저 멀리 낯설어 보이고,
우리 덧없는 인간들과 같지 않으며,
영혼의 가장 깊은 곳에 이르지 못해.
아니, 마음 깊이 아름다운 것이 빛나고,
사랑스러운 것은 파멸에 가까워지며
늘 죽음에 임박해 있어.
그리고 벌써 생기면서 나누어지고 벌써 사라지는
가장 소중한 것, 음악의 음들은
단지 부는 바람이고 흐름이며 좇는 것일 뿐이야.
그리고 잔잔한 슬픔에 휩싸여 있어,
지속적인 심장의 고동에도
이것들은 멈추지 않기 때문이지.
소리가 울리자마자

음은 벌써 사라지고 그곳을 떠나가.
이리하여 우리 가슴은
확고하고 지속적인 것이 아니라,
덧없는 것, 흘러가는 것, 삶에
성실하고 우애 있게 헌신하지.
이내 바위와 별세계와 보석들,
지속적인 것이 우리를 피곤하게 하고,
영원한 변화 속에서 우리를 몰아가는,
시간과 결혼하고 무상한,
바람과 비누거품의 영혼,
장미 꽃잎의 이슬,
새의 구혼,
구름의 흩어짐,
반짝거리는 눈과 무지개,
벌써 훨훨 날아가 버린 나비,

스쳐 지나갈 때 우리에게 언뜻 들려오는
잔치를 의미하거나 아픔일 수도 있는
웃음 소리.
우리는 우리와 비슷한 것을 사랑하고
바람이 모래에 쓴 글을 이해하네.

... 시집

그렇습니다, 인간성을 의심할 충분한 이유가 있을지도 모릅니다. 하지만 의심은 합리적인 과정이 아니므로 우리는 참고 견뎌야 합니다. 몇 번이고 이성과 참을성, 억지 익살을 이용해서 이를 시험해봐야 합니다.

... 1949년 8월의 미공개 편지

유머 가운데 의도하지 않은 유머가 가장 사랑스럽다.

... 책 속의 세계, 1권

무언가를 사랑할 수 있다는 것은
얼마나 큰 축복인가

삶의 의미로서의 헌신에 관하여

우리는 삶에 의미가 있어야 한다고 말합니다. 하지만 그 의미는 우리 자신이 삶에 부여하는 만큼만 있을 뿐입니다. 개개인의 삶이란 불완전할 수밖에 없으므로 사람들은 종교나 철학에서 이 문제에 대한 답을 찾고 사람들을 위로하려고 했습니다.

답변은 모두 한결같습니다. 삶이란 사랑을 통해서만 의미를 얻는다고 말입니다. 더 많이 사랑하고 헌신할수록 삶은 그만큼 의미 있게 됩니다.

... 편지 선집

예술은 단지 하나의 대체물일 뿐이다. 삶과 동물성과 사랑을 소홀히 한 데 대해 열 배는 비싼 대가를 치른 대체물일 뿐이다. 하지만 실상은 그렇지 않다. 사람들이 정신적인 것을 감각적인 것의 부족에 대한 비상 대체물로만 간주한다면, 감각적인 것을 과대평가하는 셈이다. 감각적인 것은 정신보다 결코 더 가치 있는 것이 아니며, 그 반대가 아니다. 그대가 여인을 껴안거나 시를 짓는 것은 동일한 행위다.

... 클링조어의 지난 여름, 전집 5

금언

그대는 모든 사물의
형제 자매여야 해,
이들이 그대 마음속으로 뚫고 들어오도록,
그대가 내 것, 네 것을 따지지 않도록.

어떤 별도 나뭇잎도 떨어져서는 안 되고,
그대는 이들과 함께 사라져야 할지니!
그리하여 그대는 모든 사물과 함께
순간마다 소생할 거야.

... 시집

재산과 권력을 갖고자 할수록 더 가난해지지만 헌신과 관심, 사랑을 기울일 때 더 풍요로워진다는 사실은 시대를 막론하고 내려오는 특별하면서도 단순한 지혜다. 인도 사람들은 이런 사실을 깨닫고 가르쳤으며, 그리스 인들과 예수가 그랬다. 그 이후로는 또 수많은 현자와 시인들의 작품이 시대를 초월해 빛을 잃지 않는다.

반면 부자와 왕들은 당대에 이미 사라져버렸다. 예수나 플라톤, 실러나 스피노자의 말도 마찬가지다. 권력이나 재산, 지식이 행복을 가져다주는 것이 아니라 오로지 사랑만이 행복을 줄 수 있다는 것은 우리에게 남은 마지막 지혜다. 사심 없이 자신을 버리고 사랑하는 마음으로 포기하고 동정을 행하면 더욱 풍요로워지며 더 위대해진다. 이것은 앞으로, 또 위로 이끌어가는 유일한 길이다.

... 빈둥거림의 기술

어떤 상황에서 인생 행로가 확고하게 결정되어 있다고 여겨질지도 모릅니다. 하지만 인생 행로는 삶의 가능성과 변화 가능성을 항상 자기 안에 담고 있습니다. 어린이다운 천진함과 감사하는 마음, 사랑할 줄 아는 능력이 더 많을수록 이러한 가능성은 더욱 커집니다.

... 편지 모음, 1권

세상을 꿰뚫어보고 이를 경멸하는 것은 위대한 사상가의 일일지도 모른다. 하지만 나의 유일한 관심의 대상은 세상을 사랑하고, 세상과 나와 모든 존재를 사랑과 경탄, 경외감으로 바라볼 수 있는가 하는 것이다.
··· 싯다르타, 전집 5

모든 신조와 이상에 대해 말할 수 있지만 그 어느 것에도 헌신할 줄 모르는 사람보다 세상의 가장 순수한 이상에 헌신할 용의가 있는 사람이 나는 훨씬 더 사랑스럽습니다.
··· 편지 모음, 2권

우리 시대에 대해 진정으로 절망하고 혼돈에 대해 진정으로 불안해하는 작가들이 없지 않습니다. 하지만 믿음과 사랑으로 이러한 혼돈을 충분히 감내할 만한 사람은 많지 않습니다.
··· 1935년 6월의 미공개 편지

세상과 삶을 사랑한다는 것, 고통 속에서도 사랑한다는 것, 감사하는 마음으로 햇살에 마음을 열고 아픔 속에서도 미소를 잃지 않는 것, 진정한 문학의 이러한 가르침은 결코 시대에 뒤진 낡은 것이 아니며 오늘날 그 어느 때보다도 더 절실하고 고마워할 만하다.

... 책 속의 세계, 3권

나는 예나 지금이나 인간을 신뢰합니다. 즉 인간은 선한 일뿐만 아니라 악한 일도 할 능력이 있음을 믿으며 온갖 왜곡에서 빠져나와 이성과 선으로 되돌아올 능력이 있음을 믿습니다.

... 1946년 2월 22일의 미공개 편지

사랑이란 고통 속에서도 자신을 잃지 않고 이해하며 미소 지을 수 있음을 의미한다. 우리 자신과 우리의 운명에 대한 사랑, 이해할 수 없지만 우리에게 불가해한 것을 원하고 계획하는 것에 대해 진심으로 동의하는 마음, 이것이 우리의 목표다. ... 정치적 고찰, 전집 10

고독한 밤

나의 형제들인 너희,
가까이와 멀리 있는 가난한 사람들은
별들의 영역에서 고통에 위로를 꿈꾸며,
희미하게 별이 빛나는 밤에
말없이 인고의 조그만 두 손을 맞잡고
깨어서 고통에 시달리며
불쌍하게 헤매는 너희들은
별도 행운도 없는 뱃사람.
낯설지만 나와 하나인 너희들
나의 인사를 되돌려주구려!

... 시집

모든 예술, 무엇보다도 시문학은 만족을 줄 뿐만 아니라, 삶을 견뎌내고 고난을 극복할 때 위안과 정화, 경고, 도움, 강화로서 삶에 직접 영향을 미치는 데 대한 자기 존재의 정당성을 입증해야 합니다.

... 1961년 3월 28일의 미공개 편지

나이가 들수록 사는 재미가 자꾸 떨어지고, 기쁨과 삶의 원천을 어디서 찾아야 할지가 더욱 확연해졌다. 사랑받는 것은 아무것도 아니고 사랑하는 게 최고임을 알게 되었다. 그리고 우리를 소중하고 즐겁게 해주는 것은 바로 다름 아닌 우리의 느낌과 존재임을 더욱 절실하게 깨달았다. 내가 지상에서 사람들이 '행복'이라고 부를 수 있는 무언가를 보는 곳은 감정으로 이루어져 있었다. 돈도, 권력도 아무것도 아니었다. 두 가지 다 갖고도 비참하게 살아가는 사람들을 얼마든지 볼 수 있다.

아름다움도 아무것도 아니었다. 외모는 아름답지만 불행하게 살아가는 사람들도 보았다. 누구나 자기가 느끼는 만큼 건강하다. 어떤 이는 병을 앓으면서도 생명이 다하기 직전까지 활기차게 살았고, 어떤 이는 건강했지만 고통이 두려워 전전긍긍하며 시들어갔다. 어떤 사람이 강렬한 감정을 느끼며 이를 억누르지 않고 즐기며 살아가는 곳에는 어디에나 행복이 있었다. 아름다움은 이를 지니고 있는 사람이 아니라 이를 사랑하고 숭배할 줄 아는 사람을 행복하게 해주었다.

언뜻 보기에 감정에는 여러 가지가 있는 듯하지만 실상은 한 가지다. 항상 그렇듯이 모든 감정은 의지라고 부를 수 있다. 나는 이를 '사랑'이라고 부르겠다. 행복은 다름 아닌 사랑이다. 사랑할 수 있는 사람은 행복하다. 우리가 스스로를 느끼고 삶을 느끼는, 영혼의 모든 움직임이 사랑이다. 그러므로 많이 사랑할 수 있는 사람은 행복하다. 하지만 사랑과 욕구는 전혀 다르다. 사랑은 현명해진 욕구다. 사랑은 소유하려 하지 않는다. 오직 사랑하려고 할 뿐이다.

... 조그만 기쁨

누구나 세계 구원에 대한 자신의 상을 만들 수 있겠지만, 중요하고 의미심장한 것은 무엇보다도 사랑을 통해 구원한다는 생각이다. 위대한 사상가나 시인, 예술가들이 이것을 촉구하고 이에 대해 주의를 환기시킨다. 이들이 내는 목소리는 하나의 현실, 하나의 길, 모든 사람의 가슴에 생생하게 살아 있는 하나의 가능성을 알린다는 데 심오한 가치가 있다.

... 조그만 기쁨

사랑과 헌신에 대한 그리움이야말로 유일한 구원의 원천입니다.

... 1924년 3월 13일의 미공개 편지

세상의 모든 고통을 느껴보는 것은 좋습니다. 하지만 당신의 능력으로 어쩔 수 없는 곳에 힘을 쏟지 말고, 당신이 도와줄 수 있고 사랑하고 기쁘게 해줄 수 있는 이웃을 도우세요.　　... 편지 선집

사랑에 대한 관계는 예술에 대한 관계와 마찬가지다. 가장 위대한 것을 조금밖에 사랑하지 못하는 사람은 가장 하찮은 것에 이글거리며 타오르는 사람보다 더 불쌍하다.　　... 문학 노트, 전집 11

누군가를 더욱 행복하고 즐겁게 해줄 수 있다면 무슨 일이 있더라도 그렇게 해야 한다.　　... 유리알 유희, 전집 9

사랑하고 인내하며 용서할 줄 아는 사람이 늘 승리했습니다. 아는 척하고 혹평하는 사람이 이기지 않았습니다.　　　　... 편지 모음, 2권

사랑은 아픔입니다. 하지만 더 많이 아플수록 우리는 더욱 강해집니다.　　　　... 편지 모음, 2권

자기 자신을 사랑하지 않고는 이웃을 사랑할 수 없다. 자신을 미워하는 것도 마찬가지다. 그 결과로는 이기심만큼이나 끔찍한 고립과 절망을 가져온다.　　　　... 황야의 늑대, 전집 7

세상의 모든 것을 모방하고 위조할 수 있지만 사랑만은 그럴 수 없다. 사랑은 훔칠 수도 모방할 수도 없다. 사랑은 자신을 전부 내줄 줄 아는 마음속에만 있기 때문이다. 이것이 모든 예술의 원천이다.

　　　　... 책 속의 세계, 2권

아무리 값비싼 보석이라도 그것에 익숙해져서 애정이 식으면 찬란한 광채를 잃을 수밖에 없다. 이런 점 때문에 나는 그 보석이 추구할 만한 가치가 있는 예술과 같다고 생각한다. 우리는 멀리 있는 황홀한 아름다움뿐만 아니라 가까이 있는 익숙한 아름다움도 기꺼이 숭배하고 사랑해야 한다.

... 고찰, 전집 10

사랑은 부탁하거나 요구할 수 없다. 사랑은 자기 안에 확신에 이르는 힘을 지니고 있다. 그래야 더 이상 이끌리지 않고 이끌 수 있다.

... 데미안, 전집 5

내가 우리 시대를 신뢰하지 못할수록 인간성이 더욱 황폐해지고 무너졌다고 생각합니다. 그렇다고 해서 이러한 몰락을 막기 위해 혁명을 주장하는 것은 아닙니다. 이때 나는 더욱 더 사랑의 마법을 신뢰하게 됩니다.

... 편지 모음, 2권

부드러움은 단단함보다 강하고, 물은 바위보다 강하며, 사랑은 폭력보다 강하다.　　　　　　　　　　　... 싯다르타, 전집 5

환상과 감정 이입 능력은 다름 아닌 사랑의 형태입니다.
　　　　　　　　　　　　　　　　　　　... 편지 모음, 4권

악은 언제나 사랑이 부족한 곳에서 생겨납니다.　　... 편지 모음, 3권

부당한 일을 저지르기보다는 차라리 당하는 편이 낫습니다. 금지된 수단으로 원하는 바를 이루려는 것은 나쁜 일입니다. 군인들이 보기에는 바보 같은 짓이고, 정치가들은 비웃겠지만, 이것은 오래전부터 입증된 진리입니다.　　　　　　　　　　　... 편지 선집

나는 어떠한 경우에도 폭력을 행사해서는 안 된다고 생각합니다. 비록 '선'을 위해서라도 말입니다.
... 편지 모음, 1권

'살인하지 말라'는 말은 교훈적인 이타주의의 계율이 아니다. 자연에서는 이타주의가 생겨나지 않는다. 이 말은 '다른 사람에게 고통을 주지 말라'는 뜻이 아니다. 이것은 '다른 사람을 버리지 말라'는 뜻이고, '너 자신을 해치지 말라'는 뜻이다. 다른 사람이란 낯선 사람이 아니며, 멀리 있거나 관계없는 것이 아니라 그 자체로 살아 있는 것을 말한다. 세상의 모든 것, 수많은 '다른 것'은 내가 그것을 보고 느끼고 그것과 관계를 형성할 때 나에게 존재한다. 나의 삶은 나와 세계, 즉 다른 것들과의 관계에서만 존재한다.
... 정치적 고찰, 전집 10

사람과 강령은 같은 것이 아닙니다. 이성과 말만 중시하는 신조의 동지에게서보다는 적수, 즉 명백한 적에게서 더 많은 기쁨을 얻을 수 있고, 더 좋은 것을 배울 수 있습니다.
... 편지 선집

사랑을 통해서만 행복을 얻을 수 있다는 사실은 모든 지혜의 원천이다. "네 이웃을 사랑하라!"고 말한다면 이는 벌써 변조된 가르침이다. "너 자신을 네 이웃처럼 사랑하라!"라는 말이 어쩌면 훨씬 더 맞는 말인지도 모른다. 언제나 이웃에게서 시작하려고 했던 것이 어쩌면 근본적인 잘못이었을지도 모른다.　　　　… 조그만 기쁨

사랑하는 것과 아는 것은 거의 같다. 가장 사랑하는 사람을 또한 가장 잘 알기 때문이다.　　　　… 문학 노트, 전집 11

대립을 넘어서

고찰과 몰입에 관하여

안과 밖을 구별하는 것이 우리 생각에는 익숙하지만 꼭 필요한 것은 아니다. 우리가 정신에 그었던 경계선 뒤, 저편으로 물러나게 될 가능성이 우리의 정신에 존재한다. 우리의 세계를 구성하는 대립쌍 저편에서 새롭고 다른 인식들이 시작된다.　　... 우화집, 전집 4

의욕이 잠자코 있고 고찰이 일어나는 순간, 순수하게 보는 것과 헌신하는 것은 전혀 다른 것이 된다. 그러니까 고찰은 탐구나 비판이 아니고, 사랑과는 전혀 관계없기 때문이다. 고찰은 우리 영혼의 가장 고상하고 바람직한 상태로 욕구가 없는 사랑이다.

그러면 사람들이 평소와 다르게 보인다. 아름답고 추하며, 늙고 젊으며, 선하고 악하며, 솔직하고 감추고 있으며, 딱딱하고 부드러운 것은 대립이 아니며, 더 이상 기준이 되지 못한다. 모든 것이 아름답고, 모든 것이 색다르며, 어느 누구도 더는 무시당하거나 미움받고 오해받지 않는다.　　　　　　　　　　.. 고찰, 전집 10

나의 첫째가는 교리는 대립 배후의, 대립을 넘어선 통일입니다.

물론 나도 '활동적'이라거나 '관조적'과 같은 도식을 만들 수 있다는 것을 부인하지는 않습니다. 그리고 이런 유형론에 따라 사람들을 판단하는 게 유용할 수 있다는 사실도 부인하지 않습니다. 활동적인 사람과 관조적인 사람이 존재하지만 그 너머에는 통일이 있습니다. 자신의 내면에 두 가지 대립을 지니고 있는 사람만이 진정 살아 있고, 이러한 통일이 잘 되어 있을 때 모범적인 사람이라 할 수 있습니다. 나는 쉬지 않고 일하는 사람에게 반감이 없으며, 자아에 몰입해 있는 은둔자에게도 반감이 없습니다. 하지만 양쪽 모두 흥미 있다거나 모범적이라고는 할 수 없습니다. 내가 찾고 바라는 사람은 개인뿐만 아니라 공동체에도 관심이 있고, 자기에게 몰입하면서도 행동할 줄 아는 사람입니다.

그런데 내 작품에서 활동적인 사람보다 관조적인 사람을 더 중시하는 것으로 보인다면, 아마도 우리 시대와 세계가 활동적이고 유능하며 활발한 사람은 높이 평가하는 반면 관조적인 사람은 무능하다고 여기기 때문일 겁니다.

... 편지 선집

감정과 환상은 어느 정도 높아질 때까지 그 자체에서 힘과 아름다움, 가치를 얻는다. 하지만 이를 넘어서면 다시 맥이 풀리고 나른해진다. 그러면 다른 환상, 다른 감정이 솟아나게 할 시간이다.

... 조그만 기쁨

정신을 집중하여 명상에 잠기고,
보는 법과 읽는 법을 배워라!
정신을 집중하라— 그러면 세계는 가상이 된다
정신을 집중하라— 그러면 가상이 본질이 된다.

... 시집

 나의 불행은 내가 나 자신과 항상 모순된다는 사실이다. 정신이나 도덕은 그렇지 않은데 현실은 늘 그렇다. 예를 들어 여름날 힘든 행군을 하고 나서 나는 물 한 잔을 마시고 싶은 생각에 사로잡혀 물이 세상에서 최고라고 공언한다. 하지만 물을 마시고 15분이 지나면 물과 물 마시기에 아무런 관심도 갖지 않는다. 먹는 것도, 잠자는 것도, 생각하는 것도 마찬가지다.
 이른바 '정신'과의 관계도 먹고 마시는 것과 같다. 때로는 정신

즉 추상이나 논리학, 이념만큼 매력적이고 이 세상에 없어서는 안 될 것 같은 게 아무것도 없다. 그러다가 그것에 물려서 정반대의 것을 원할 때는 정신이란 것이 상한 음식만큼이나 역겹게 느껴진다. 나는 이러한 태도가 제멋대로고 지녀서는 안 되는 것으로 여겨진다는 사실을 알고 있다.

하지만 나는 왜 그런지 이해할 수 없다. 식사와 금식, 수면과 깨어 있음 사이에서 계속 오가듯이 자연과 정신, 경험과 플라톤 철학, 질서와 혁명, 가톨릭과 종교개혁 정신 사이에서도 계속 이쪽 저쪽을 왕복하지 않을 수 없다. 어떤 사람이 평생 동안 정신을 존중하고 자연을 경멸할 수 있다면, 항상 혁명적이고 결코 보수적이지 않을 수 있다면, 또는 그 반대로 할 수 있다면 아주 고결하고 지조 있으며 심지가 굳다고 할 것이다.

하지만 이것은 어떤 사람이 계속 먹기만 하거나 잠만 자려고 하는 것과 마찬가지로 모순되며 미친 짓으로 보인다. 하지만 모든 당파들, 정당이건 종파건 학파건 모두 그런 미친 태도가 가능하고 자연스럽다는 것을 전제로 한다.　　　　　　　　　… 요양객, 전집 7

나는 이중성에 대해 표현하는 말을 찾아내고 싶다. 나는 늘 멜로

디와 대립 멜로디가 동시에 보이고, 다양함 속에서 통일성을 발견하며, 진지함이 익살을 도와주는 글을 쓰고 싶다.

내가 보기에 삶의 본질은 오로지 양극 사이를 움직이는 데 있기 때문이다. 말하자면 세계의 두 버팀목 사이를 왔다갔다하는 것이다. 나는 세계의 복된 다채로움을 늘 황홀한 심정으로 알려주고 싶고, 또한 하나의 통일성이 이러한 다채로움의 토대가 된다는 사실을 계속 상기시켜주고 싶다.

... 요양객, 전집 7

나는 세상의 어떤 사물이나 사람도 그냥 헛되이 존재하지 않으며, 언뜻 보기에 악해 보이는 사물에도 다른 소중한 측면이 있다고 믿는다.

... 책 속의 세계, 1권

당신은 자아를 찾는 것이 다른 사람들과의 올바른 관계를 발견하는 것보다 덜 중요하다고 말합니다. 하지만 이 두 가지는 결코 별개가 아닙니다. 진정한 자아를 찾는 사람은 동시에 모든 삶의 규범을 찾는 사람입니다. 가장 내부의 자아는 어느 누구든 같기 때문입니다. 이것이 신이고, '의미' 입니다. 그렇기 때문에 브라만은 모든 낯선 존재에게 '이것이 너다!' 라고 말합니다. 그는 자기 자신에게 해를 끼치지 않고는 다른 존재에 해를 끼칠 수 없음을 알고 있고, 이기심이란 아무런 의미가 없음을 알고 있습니다. ... 편지 모음, 1권

우리의 주관적이고 경험적이며 개인적인 자아는, 조금 살펴보면, 무척 변덕스러우며 외부의 영향에 쉽게 휩쓸립니다……. 반면에 또 다른 자아는 첫 번째 자아 속에 섞여 있지만 그것과 결코 혼동될 수 없습니다. 이 두 번째의 고귀하고 신성한 자아(인도인들이 브라마梵天와 같은 위치에 놓는 아트만)는 개인적인 것이 아니라 신, 삶, 전체 그리고 비개인적이고 초개인적인 것에 대한 우리의 관심입니다. 이러한 자아를 따르는 일은 그만큼 보람 있습니다. 첫 번째 자아가 그토록 주제넘고 참을성이 없는 반면, 이 영원한 자아는 차분하고 참을성이 있다는 사실만이 어려울 따름입니다. ... 편지 선집

누구나 세상의 중심이다. ... 비망록, 전집 10

우리는 이성을 사용하고 단련시켜야 하지만 그것에만 귀를 기울여서는 안 됩니다. 단순하고 건강한 사람들, '민중'은 매일 하는 일과 즐거움 속에서 마음껏 즐김으로써 삶과 자신의 몰락에 대처할 것입니다. 억지로 생각할 수밖에 없는 정신적인 사람들은 이러한 순진무구한 상태로 되돌아갈 수 없습니다. 이들에게는 지적 능력과 허영 사이의 균형을 잡아줄 평형추가 필요합니다. 이러한 치료제는 자연과 벗하는 것입니다.

예술가가 아닌 대부분의 '교양인'들은 이를 위해 예술을 이용합니다. 이들은 그림, 음악, 문학에 관심을 갖고 이를 향유하면서 근원적인 힘과 연결된다고 생각합니다. 여기에 만족하지 못하는 사람에게는 명상과 고찰, 몰입이 필요합니다. 그 방법이 요가입니다. 요가에 대한 책 중에 내가 읽지 못한 것이 수천 권은 됩니다. 예를 들어 북미에도 요가 학교가 있는데, 몇몇 선생님들은 인도인입니다. 이런 얘기는 소문으로 들어서 알고 있을 뿐입니다. 나는 살아오면서 어떤 시기에 명상에 필요한 것을 스스로 생각해냈습니다. 그것은 가르쳐줄 수도 전달해줄 수도 없습니다. ...편지 선집

우리가 스스로 더 많은 것을 요구할수록, 또는 우리에게 주어지

는 과제가 더 많은 것을 요구할수록 우리는 요가의 힘의 원천, 즉 정신과 영혼이 늘 새로워지는 화해에 더 많이 의존하게 된다……. 세계사에서 진정 위대한 사람들은 명상하는 법을 터득했거나 명상을 통해 이룰 수 있는 것을 얻는 방법을 무의식적으로 알고 있었다. 다른 사람들은 아무리 재능 있고 힘이 있더라도 모두 실패하고 말았다. 자신이 이루려는 임무나 야심만만한 꿈을 지닌 이들은 여기에 너무나 사로잡힌 나머지 현실과 거리를 두는 능력을 상실했기 때문이었다.

… 유리알 유희, 전집 9

정신적 단련이나 명상은 서서히 단계를 밟아가며 인식의 목표에 이른다. 이러한 인식을 자아가 기만으로 드러난다는 사실에 근거하고, 그런 다음 자의식 대신에 범(汎) 의식이 생겨나며, 구원된 영혼은 개별적인 존재와 미망(迷妄)에서 빠져나와 열반으로 되돌아간다.

… 헤세의 싯다르타에 대한 자료, 1권

인도에서는 개인적인 스승인 구루에게 배우지 않고는 명상을 배울 수 없다고 생각합니다. 추측건대 또한 그곳에서는 서양 사람들은 요가의 가장 낮은 단계도 벗어나지 못할 거라고 생각할 겁니다. 하지만 그렇다고 해서 우리가 요가의 가장 낮은 단계도 통과하지 못하는 것은 아닙니다.

나는 구루도 없었고 더 높은 단계에 이르지도 못했습니다. 하지만 마음의 집중과 안정에 이르기 위해 외적으로 가장 큰 도움이 되는 것은 본질적으로 호흡 단련이라는 한 가지 경험은 할 수 있었습니다. 서양 사람들은 자아 몰입과 마찬가지로 이러한 호흡 단련을 우습게 여겼습니다. 뛰어난 운동요법가가 하듯 호흡 단련을 하십시오. 숨을 내쉬는 것은 몰라도 숨을 들이쉬는 것은 무리하게 해서는 안 된다는 사실에 유의하십시오. 잘못하면 몸에 무리가 갑니다.

호흡 단련법에서 본질적인 것은 이때 가능한 한 깊이 심호흡을 하고, 여기에만 전념한다는 점입니다. 이렇게 하면 여러 가지 좋은 점이 있습니다. 현실적인 것에 거리를 둘 수 있습니다. 또 정신적으로 안정을 얻고 마음을 가다듬을 수 있습니다. 그런데 만약 상상 속에서 이러한 호흡 단련법에 어떤 정신적인 의미를 부여하려 한다면 그렇게 생각하십시오. 공기가 아니라 브라만을 들이마시고, 호흡을 할 때마다 내 안에 신성한 것을 들이마시다가 다시 내보내십시오. 그러면 괴테의 《서동시집》이 떠오를지도 모릅니다.

호흡 단련을 잘 하든 않든 간에 이것을 진지하게 생각한다면, 호흡 단련을 통해 어떤 영적인 분위기에 접근하게 될 겁니다. 우리 같은 서양 사람들은 종교적인 기도를 하거나 아름다운 것에 탐닉할 때 이런 분위기를 체험할 수 있습니다. 더 이상 공기만 들이마시는 것이 아니라 우주와 신을 들이마시는 것입니다. 그리고 지적인 방법이 아니라 육체적이고 순수한 방법으로 긴장을 이완시키면서 자유와 축복, 경건함에 관해 무언가를 체험할 것입니다.   ... 편지 선집

　심사숙고와 명상의 차이점을 말하자면, 심사숙고는 능동적인 것인 반면에 명상은 수동적인 상태에서 마음을 열고 기다리는 상태에 근거를 두고 있습니다. 명상을 할 때는 개인적인 것의 중립성이 필요하고, 특히나 되도록 신체적인 기능에 종속되지 않아야 합니다. 명상을 하기 위한 가장 좋은 방법은 호흡 단련법입니다. 이것의 본질은 호흡 기관을 혹사하려는 것이 아니라, 단련하는 사람이 의식적으로 숨을 들이쉬고 내쉬면서, 결코 무리하지 않으면서 복부로 숨을 들이쉬는 가운데 호흡에 집중한다는 데 있습니다.
　잠시 동안 그렇게 호흡했다면, 숨을 들이쉬면서 세상을 내 안에 받아들이고 숨을 내쉬면서 다시 이를 내보낸다는 상상을 할 수도 있습니다. 그리고 이렇게 호흡하는 가운데 신적인 우주에 참여하고

있다는 상상을 할 수도 있습니다. 이로써 긴장 완화와 이완, 일종의 탈인격화에 도달합니다. 이때 나는 밖으로 내보내고 안으로 들여보내는 객체이자 그릇이 됩니다. 이 모든 것은 명상이 아니라 이를 위한 준비 과정입니다.

어떤 대상을 명상할 수 있는지 없는지는 말할 수 없습니다. 사람들은 대부분 명상할 때 눈에 보이는 것, 영상 세계의 내부에 있습니다. 하지만 가령 음악적인 과정에 대해서도 명상할 수 있습니다.

... 편지 선집

당신이 이성에 대해 말하면서 이성에 반대하는 것은 옳습니다. 하지만 나는 적절하게 이용한다면 이성은 아주 좋은 거라고 생각합니다. 이성이 훌륭한 안내자 역할을 하는 삶의 영역에서 무조건 본능이나 직관을 얻으려고 한다면 반대의 경우와 마찬가지로 일을 그르치게 될 겁니다. 이성에만 전체적인 것을 보도록 요구해서는 안 되고, 이성을 정신과 같이 취급해서는 안 됩니다. ... 편지 모음, 3권

내면으로 가는 길

내면으로 가는 길을 발견한
자신을 잊고 열렬히 몰두하는 가운데
자신의 뜻이 상과 비유로서만
신과 세계를 선택한다는
지혜의 핵심을 예감한 자에게
모든 행위와 생각은
신과 세계를 내포하고 있는
자신의 영혼과의 둘만의 대화가 되리니.

... 시집

원인을 인식하는 것, 그것이 곧 생각이다. 생각을 통해서만 느낌은 인식이 되고, 사라지지 않는 본질적인 것이 되어 빛을 발하기 시작한다.

... 싯다르타, 전집 5

인간의 존엄성은 인간이 도달할 수 없는 목표를 설정하는 것으로 유지되기도 하고 무너지기도 합니다. 세상 형편과 세상의 이치가 자신에게 불리하게 돌아가는 데 그의 비극이 있듯이 말입니다.

... 편지 선집

시인은 무엇보다도 우리 시대 사람들이 겪는 어려움에 대해 말할 임무가 있습니다. 이런 일은 남에게 들어서가 아니라 자신이 직접 어려움을 겪었을 때만 할 수 있습니다. 격정적으로든 감상적으로든, 불평하듯이, 또는 익살스럽게, 아니면 하소연하듯이 하든 간에 그것은 불가피합니다. 이것이 아장아장 걷는 어린아이의 걸음마 같을지라도 인류의 발전에 조금이나마 도움이 되어야 합니다. 오늘날 고통의 위대함은 우리에게 모든 민족들, 모든 존재와 고통을 나누는 연대감을 부여해줍니다. 참을 수 없을 것을 견뎌내기 위해서는 이것에 대해 말할 수 있어야 합니다.

... 편지 선집

인류의 위대한 스승들이 깨닫고 가르친 것을 우리는 얼마 지나지 않아 깨끗이 잊어버렸다. 이들은 모두 수천 년 전부터 똑같은 것을 가르쳐왔다. 어떤 신학자나 인문적 교양이 있는 사람이라도 소크라테스나 노자, 또는 빙긋이 미소 짓는 석가모니나 가시 면류관을 쓴 그리스도 가운데 누구에게 더 애착을 갖든 상관없이 분명한 말로 우리에게 말할 수 있을지도 모른다. 이들은 모두 깨달음을 얻은 사람으로, 인류의 스승은 모두 똑같은 것을 가르쳤다. 즉 인간은 고통 같은 행복을, 정적 같은 소란을 감내하기 위해서는 순수하고 깨어 있는 의식, 용기, 성실, 인내의 지혜 말고는 위대함도, 행복도, 영웅적 정신이나 달콤한 평화도 원해서는 안 된다고 말이다.

... 정치적 고찰, 전집 10

신이 생각했던 인간, 수천 년 동안 여러 민족의 시문학과 지혜에서 이해했던 인간은 자신에게 유익하지 않은 것에서도 아름다움과 기쁨을 느낄 수 있다. 아름다운 것을 보고 느끼는 인간의 기쁨에는 늘 정신과 감각이 함께 관여한다.

고난과 위험에 처했을 때, 자연의 색채 변화나 폭풍우와 파도 소리, 그리고 사람이 작곡한 음악으로 기뻐할 수 있다. 피상적인 관심과 고난에 가린 세계를 느낄 수 있으며, 의심을 떨쳐버리고 자신의 존재에 다시 의미를 부여할 수 있을 것이다.

새끼 고양이가 놀면서 고갯짓하는 것부터 소나타 변주곡까지, 개의 감동적인 눈빛에서 시인의 비극에 이르기까지 수천 가지의 풍부한 관계, 상응, 유사성 및 반영의 본질이 거기에 있으며, 유려한 언어를 통해 듣는 사람들에게 기쁨과 지혜, 재미와 감동을 준다. '의미'란 다양성의 통일이며 세상의 혼란을 통일이나 조화로 예감하는 정신적 능력이기 때문이다.　　　　　　… 후기 신문, 전집 8

우리는 사람들, 민족과 시대를 구분하는 데 많은 노력을 들이고 있다. 이젠 사람들을 결합하는 데도 힘을 쏟아야 한다!

　　　　　　　　　　　　　　　　… 책 속의 세계, 2권

심리학적으로 '민속학'의 가장 중요한 결과는 지구 전체에서 인간 영혼의 구조가 똑같다는 점이다. 하지만 이러한 동일성의 인식과 확증―'인류'의 실제적인 존재를 '유토피아'로만 볼 수 없다는 지식―이 아름답고 유망하다면 이러한 동일한 영혼의 다양한 노력, 행동 및 사투리에 귀 기울이는 것은 극히 즐겁고 매력적이며 행복한 일이다.

... 책 속의 세계, 3권

가치 없는 사람들은 이미 많은 좋은 일을 불러왔으며, 성자들은 이미 세상에 많은 참상을 가져다주었다.

... 단편 모음, 3권

인내란 배울 만한 보람이 있는, 가장 어렵고도 유일한 것이다. 자연과 성장, 평화, 세상의 번영과 아름다움은 인내에서 나오고, 고요함과 신뢰를 필요로 하며, 개인의 삶보다 훨씬 오랜 과정에 대한 믿음을 필요로 한다. 개인은 이를 통찰할 수 없고, 이것의 전체적인 모습을 체험할 수 없으며, 민족이나 시대만이 체험할 수 있다.

... 삼분 독서

꽃가지

언제나 이리저리
바람에 나부끼는 꽃가지,
언제나 어린애처럼
이리저리 흔들리는 내 마음,
화창하고 어두운 날 사이에서
의욕과 단념 사이에서.

꽃이 시들고
가지에 열매를 맺을 때까지,
어린애 같은 마음이 잦아들고
안식을 얻어
삶이라는 불안한 놀이가
기쁨에 차고 헛되지 않았다고
고백할 때까지.

　　　　　　　　　　　　　... 시집

인간은 매우 고상한 일도, 매우 비열한 짓도 할 수 있다고 생각합니다. 인간은 신에 가까운 존재로 승격할 수도 있고 악마에 가까운 존재로 타락할 수도 있습니다. 하지만 위대하거나 추잡한 일을 하고 나면 다시 자신의 본분으로 되돌아옵니다. 야성과 마성이 움직일 때 어김없이 반동이 뒤따르고, 인간이 태어날 때부터 갖고 있는 절제와 질서에 대한 동경이 뒤따릅니다.

... 편지 선집

예수와 석가모니를 비롯하여 모든 현자와 위대한 스승들은 삶의 통일성과 겉으로 드러나는 외관의 덧없음을 가르침의 토대로 삼았습니다. 모두들 오늘의 살인마와 탕아가 내일의 성자가 될 수 있고, 숭고한 성직자가 악인이 될 수 있음을 알고 있었습니다. 신학자들은 이러한 사실을 알아서는 안 되었습니다.

괴테의 메피스토펠레스는 자신이 늘 악을 원하지만 늘 선을 창조하는 힘에 속한다고 말합니다. 그 반대도 있습니다. 늘 선을 원하지만 항상 악을 행하고 폭력을 휘두르며 세계를 도탄에 빠뜨리는 사람들이 무수히 많습니다.

... 편지 모음, 2권

신이 우리에게 절망을 보내는 것은 스스로 목숨을 버리도록 하려는 게 아니다. 신은 절망을 보내 우리 마음속에 새 삶을 일깨운다.

... 유리알 유희, 전집 9

혼돈으로 새로운 질서가 잡히기 전에 인정받고 체험되기를 원한다.

... 문학 노트, 전집 12

나는 우리가 무(無)로 들어간다고 생각하지 않습니다. 마찬가지로 우리가 한 일과 우리가 선하고 정당하다고 여기는 것에 대한 걱정이 헛되지 않았다고 생각합니다.

하지만 나는 전체가 부분에 어떻게 생기를 북돋우고, 매번 붙잡아주는지 때때로 상상할 수 있지만, 독단적으로 확정된 견해를 받아들일 수는 없습니다. 믿음이란 신뢰하는 것이지 알려고 하는 것이 아닙니다.

... 편지 선집

가끔 가다

가끔 가다, 새가 부를 때나
또는 바람이 가지 사이를 스칠 때
또는 아주 멀리 농장에서 개가 짖어댈 때
나는 오랫동안 귀 기울이며 침묵해야 하네.

잊혀진 수천 년 전
새와 부는 바람이
나와 비슷한 나의 형제들이었을 때까지
나의 영혼은 뒤로 도망치노라.

나의 영혼은 나무가 되고,
동물과 하늘에 떠 있는 구름이 되어,
바뀌어 낯선 모습으로 돌아와
어떻게 대답해야 할까 하고 묻네.

... 시집

오늘의 어리석은 짓은 금세 잊혀지고, 훌륭한 일과 업적은 남습니다.

... 1915년 12월 8일의 미공개 편지

우리의 삶은 길지 않습니다. 머지않아 우리는 다른 곳으로 갈 겁니다. 그리고 우리는 '저 세상'에 대해 아무것도 알지 못하지만 그래도 고인이 된 어떤 망자가 우리 주변의 살아 있는 모든 사람들보다 훨씬 더 생기 있고 사랑스러우며 가깝다는 체험을 했습니다. 저 세상에 대해 자연스럽게 느끼는 것은 그러한 점에 근거가 있습니다.

... 1947년 5월 17일의 미공개 편지

죽은 사람은 우연히 아무런 의미 없이 끔찍하고 기분 나쁘게 잡혀간 것이 아니라 삶에서 그의 임무가 끝난 것이었습니다. 그가 가버린 것은 새로운 모습으로 다시 돌아와서 계속 활약하기 위해서입니다. '그의 임무가 끝났다'는 말은 그가 수 년 동안 가치 있는 일을 하지 못했다거나 또는 그를 다른 사람으로 대체할 수 있다는 말은 물론 아닙니다.

하지만 그 자신을 위해서, 그의 삶의 가장 내적인 의미를 위해서 그의 목표가 달성되었고, 그가 무르익은 것이었습니다. 그가 마지 못해 죽었다 하더라도 그는 오늘날 이 점을 알고 있습니다. 그리고 그의 과거 모습에서 사라지거나 흩날린 것은 아무것도 없습니다. 이것이 나의 생각입니다. 죽음이란 존재하지 않습니다.

모든 삶은 영원하고, 모든 인간은 다시 돌아옵니다. 인간에게는 죽음도 파괴하지 못하는 가장 내적인 자아가 존재합니다. 그렇다고 죽은 사람이 되돌아온다거나 '유령'으로 나타난다고는 생각하지 않습니다. 하지만 모든 인간의 목표가 다 똑같다고 믿습니다. 그리고 우리가 떠난 사람들과 정신과 행동에서 연결되어 있다고 믿습니다. 죽음 속에서가 아니라 삶 속에서만 우리는 죽은 사람들에게 영원하고 불멸인 것을 다시 발견합니다.

... 1920년 12월 30일의 미공개 편지

죽음이 우리를 해방시켜주는 참상 위에서 영원한 법칙과 가치의 세계는 계속 존재합니다. 우리가 내적으로 충분히 해방되고 정화되는 순간마다 우리는 이러한 신성한 정기를 들이마시고 그것에 동참할 수 있습니다.

... 1946년 11월의 미공개 편지

지상의 모든 현상은 하나의 비유다. 그리고 모든 비유는 영혼이 준비되어 있을 때 세계의 내부로 들어갈 수 있는 열린 성문이다. 거기서는 너와 나, 낮과 밤, 이 모든 것이 하나가 된다. 모든 사람에게는 살아 있을 때 여기저기에 있는 길이 그 열린 성문으로 나 있다.

누구나 눈에 보이는 모든 것이 하나의 비유라는 생각을 한 번쯤은 한다. 그리고 그 비유의 저편에 정신과 영원한 삶이 있다는 생각도 문득 하게 된다. 물론 몇몇 사람들은 그 성문 안쪽의 예감된 현실을 위해 자신의 아름다운 외관을 버린다.   ... 동화, 전집 6

인용된 문헌 및 원전

- 《편지 선집》: 프랑크푸르트 암 마인, 1974
- 《친구들에게 보내는 편지》: 프랑크푸르트 암 마인, 1977
- 《요셉 크네히트의 네 번째 인생 행로》: 프랑크푸르트 암 마인, 1986
- 《시집》: 프랑크푸르트 암 마인, 1977
- 《빈둥거림의 기술》: 짧은 유고 산문. 폴커 미헬스 편, 프랑크푸르트 암마인, 1977
- 《책들의 세계》: 프랑크푸르트 암 마인, 1977
- 《책 속의 세계》: 하이너 헤세와 협력하여 폴커 미헬스가 편찬.
  1권 프랑크푸르트 암 마인, 1988
  2권 프랑크푸르트 암 마인, 1988
  3권 프랑크푸르트 암 마인, 2000
- 《시》: 베를린, 1902
- 《편지 모음》: 하이너 헤세와 협력하여 우어줄라와 폴커 미헬스가 편찬.
  1권 프랑크푸르트 암 마인, 1973
  2권 프랑크푸르트 암 마인, 1979
  3권 프랑크푸르트 암 마인, 1982
  4권 프랑크푸르트 암 마인, 1986
  6권으로 된 단편 모음 – 프랑크푸르트 암 마인, 1977
  12권으로 된 전집 – 프랑크푸르트 암 마인, 1970
- 《이탈리아》: 폴커 미헬스 편, 프랑크푸르트 암 마인, 1983
- 《조그만 기쁨》: 짧은 유고 산문. 폴커 미헬스 편, 프랑크푸르트 암 마인, 1977
- 《삼분 독서》: 폴커 미헬스 편, 프랑크푸르트 암 마인, 1977
- 《양심의 정치학》: 정치적 기록물. 폴커 미헬스 편, 프랑크푸르트 암 마인, 1977
- 《헤르만 헤세와 페터 주어캄프의 편지 교환》: 지크프리트 운젤트 편, 프랑크푸르트 암 마인, 1969
- 《헤르만 헤세와 한스 슈투르체네거의 편지 교환》: 쿠르트 베히톨트 편, 샤프하우젠, 1984

| 편집자의 글 |

 헤르만 헤세는 괴롭고 힘든 일상에서 벗어나 새 힘을 얻게 해주는 몇 안 되는 작가다. 《빈둥거림의 기술》《조그만 기쁨》《밤놀이》《길가에서》《정원에서 보낸 시간》《내면의 풍부함》 등 내면을 성찰하는 글을 쓴 저자는 자연이라는 유기적인 힘의 원천과 문화라는 심미적 대응세계를 지향한다.
 그는 우리 세기의 어느 누구보다도 이러한 것을 실현하고 중개하는 능력을 터득하고 있다. 음악적인 언어의 힘과 동양이라는 대안적인 생활태도에 대한 친화적인 관계를 통해 그는 우리 마음속에 남아 있는 힘을 일깨워, 모험과 같은 나날을 호기심과 확신으로 시작하도록 독자에게 용기를 북돋워준다.
 사려 깊고 차분하며 따뜻한 헤세의 글은 무엇에 쫓기거나 산만하지 않고 어떤 효과를 염두에 두지 않는다. 그의 글은 사람을 느긋하고 기분 좋게 만든다. 잔잔한 그의 목소리를 들으면 채 익지 않은 경솔한 생각이 순식간에 사라진다. 그리고 관대한 이성으로 우리는 유기적인 삶의 균형을 떠올리게 된다고 느낀다. 그것은 나이가 지긋한 사람의 목소리다. 그래서 내가 내심 '스트레스 받은 현대인들에게 헤세가 보내는 지혜의 글'이란 의도로 엮어낸 이 책은 그의 작품 세계를 가장 잘 드러내 보일지도 모른다.

헤르만 헤세는 무척 힘들고 어려운 삶을 살았다. 1915~1919년 제1차 세계대전 당시 그는 베른에서 독일의 전쟁 포로를 돌보는 일을 했다. 격무에 시달려 체중이 52킬로그램으로 줄었고, 여러 가지 신체적 증상에 시달렸다. 심리 분석을 통해 몇 년 동안 막혀 있던 자기 치유력을 다시 가동하고, 외부의 압력을 스스로의 대응 압력으로 맞설 수 있을 때야 비로소 그는 서서히 건강을 되찾고 위기를 극복할 수 있었다. 그게 끝은 아니었다. 그 후 1946년까지 시인은 여러 가지 중대한 시련에 직면했다.

시대사의 도전에 양심적으로 반응하고, '삶의 파렴치함'에 대항해 굳은살이 생기지 않은 사람의 삶은 위태롭다. 예술가처럼 지나치게 예민한 사람들이 특히 그러하다. 헤세는 1929년 바젤의 약제사 아르투어 슈톨(Arthur Stoll)에게 보내는 편지에 '예술가이자 지성인인 우리들은 오늘날 모두 신경 쇠약증 환자입니다'라고 썼다.

상업화가 더욱 진행될수록 분망함과 잠재의식 상의 공격이 사적인 영역에서도 계속된다는 것은 숙명적인 악순환이다. 심지어는 잠자는 동안에도 새 힘을 축적하지 못하고 좌절감에 시달리거나, 삶의 리듬에 저항하는 목소리들을 압도하기 위해 짐짓 꾸며진 감동인 예술적인 천국으로 도피함으로써 울분을 해소한다. 그 결과 과거 어느 세기보다도 소음과 마비, 폭력이 증가하게 된다. 기계화, 미디어, 음악, 영화 및 정치에 미친 이러한 과잉 행동의 여파는 진보적이고, 참을 수 없을 정도로 이리저리 흔들린다. 헤세는 이러한 자동 조절 시스템을 20세기 초 《황야의 이리》에서 이미 예견하고 철저히 규명한 바가 있었다.

《페터 카멘친트》에서 《유리알 유희》에 이르기까지 이 시인의 모든 책들은 잘못된 스트레스, 외적 요인에 기인하는 억압, 컨베이어 벨트와 스톱워치로 조종되는 '되도록 많이' '되도록 빨리'라는 지시에 저항하는 것을 다루고 있다.

헤세는 1954년 12월에 이렇게 썼다.

내가 찾고 바라는 사람은 개인뿐만 아니라 공동체에도 관심이 있고, 자기에게 몰입하면서도 행동할 줄 아는 사람입니다.

그런데 내 작품에서 활동적인 사람보다 관조적인 사람을 더 중시하는 것으로 보인다면, 아마도 우리 시대와 세계가 활동적이고 유능하며 활발한 사람은 높이 평가하는 반면 관조적인 사람은 무능하다고 여기기 때문일 겁니다.

우리 시대는 영혼을 희생하고 육체와 이성을 지나치게 숭배한다. 하지만 헤세는 이미 그 당시에 이러한 문제의식으로 시대착오적이고 과거 지향적인 낭만주의자이자 세상 물정에 어두운 내면성의 사도라는 비방을 받았다. 언제나 그렇듯이 악을 불러일으키는 사람들 대신에 악을 폭로하는 사람들이 공격을 받게 되는 것이다.

하지만 참상을 묘사하는 것만으로는 아직 별 의미가 없을지도 모른다. 우리의 문학은 과거와 현재의 폐해를 서술하고 기록한 것으로 가득 차 있기 때문이다. 격정적이고 실존적이며, 세련되고 아이러니컬한 방식으로나, 또는 풍자적인 방식으로 말세의 분위기를 퍼뜨림으로써 그러한 분위기에 맞서기보다는 오히려 이를 강화시키는, 출구가 없는 허무주의적인 비전과 시나리오도 적지 않다. 하지만 결핍을 확인하는 것이 그것을 예방하는 것보다 훨씬 더 간단한 법이다.

1935년 헤세는 마르틴 플링커(Martin Flinker)가 보낸 편지에 이렇게 답했다.

참되게 우리 시대에 절망하고 혼돈에 대해 불안해하는 작가들이 적지 않습니다. 하지만 그러한 혼돈을 견뎌낼 정도로 믿음과 사랑이 충분한 작가는 별로 없습니다.

헤세가 자신의 책에서 이러한 균형을 유지하려고 하면서, 푸념에 그치지 않고 일상을 견딜 수 있기 위해 딜레마에서 벗어나는 길을 모색한 것이 다른 작가들과 다른 점이다. 그리하여 그는 세계적으로 큰 인기를 얻게 된다. 그가 책에서 제시하는 갈등의 해결 모델은 독자에게도 도움을 주어, 독자는 자신의 문제들을 극복하는 계기를 마련할 수 있었다.

독일 비평계는 이를 '생계 지원'이라는 용어로 폄하했다. 하지만 독일 비평계는 삶을 도외시하고 예술이 지닌 가장 중요한 기능 중 하나인 신용을 떨어뜨림으로써 오히려 스스로 화를 자초한 것이 아닐까? 인간들이 생각해내고 이루어낸 모든 것이 궁극적으로 삶에 도움이 되고 유용함을 통해 자신을 입증해야 하는 것이 아닌가? 좋은 약이나 맛있는 식사가 건강을 지켜준다 해서 이를 비난할 사람은 아무도 없을 것이다. 예술 비평에서만은 유용한 것이 교화적인 것으로, 오해의 여지가 없는 것이 단순한 것으로, 매혹적인 것이 미식가적으로 것으로 왜곡되고, 헤세와 같은 작가에게는 관습적이고 예술사적으로 도식화하고 어떤 상표를 붙일 수 없다는 사실에 혼란스러워한다.

그는 사해동포적일 뿐만 아니라 지역적이고, 현실주의자면서 이상주의자이고, 문체는 전통적이지만 전위적인 내용을 지녔고, 내향적이면서도 세상에 개방적이고, 종교적이기는 하지만 초(超)교파적이고, 동양 문화의 관조적인 세계상에도 서구의 성과주의에도 마음이 열려 있고, 시대를 초월하면서 시대 비판적이고, 휴머니스트이자 비타협주의자이고, 도발적이면서 동시에 화해적이다. 통용되는 세계상, 정치적인 이데올로기, 종교나 다양한 심리분석 학파에서 제시하고 있는 것과 같은 이상적인 해결책을 그가 알고 있는 것은 아니다. 구체적인 도발에 매번 즉각적인 반응을 하기 때문에 그의 인식에는 공들여 닦은 모습이 보이지 않는다.

그리하여 이 책에 가려 뽑은 문장은 대부분 별도로 기록된 것이 아니라 독자들이 헤세에게 제기한 실제적인 질문과 문제에 대한 답변이거나, 그가 자신의 책에 상이한 방법으로 서술한 삶의 위기에 대한 해결책이다. 저자가 이 과정을 견뎌내기 힘들수록 독자들은 그만큼 더 읽기가 쉬워진다.

헤세는 만년의 작품인 《유리알 유희》에서 이렇게 지적하고 있다.

우리가 예술이나 객관화된 정신이라 부르는 모든 것은 결국 해방을 둘러싼 투쟁의 결과이고…… 시대에서 초시대적인 것으로 이탈하는 것이며, 내게 이전에 다룬 적이 없는 투쟁과 노력을 보여주는 작품이 가장 완벽하다.

거장다운 숙련된 서술 방식보다 자신의 부족함을 미화하지 않는 헤세의 솔직한 서술 방식이 신뢰를 불러일으킨다. 이러한 서술 방식은 완전무결함을 통해 설득시키고, 군중의 이상심리에 저항하게 만든다.

1917년 헤세는 전쟁 포로 구호활동을 하면서 이런 글을 쓴 적이 있었다.

> 우리가 보여주어야 하는 선한 마음은 값싼 적응력과 행복한 시대본능에서 생기는 것이 아니라 일상과 평준화하려는 노력에 맞서 완강함과 전쟁에서 얻게 된 성격과 고난에서 생기는 것이다.

오늘날 가장 필요한 것은 믿을 만하게 방향을 정해주고 문화에서 확고한 대응 방향을 모색하는 일이다. 이를 완전하고 건설적인 방식으로 수행할 작가가 별로 없다고 해서 문학에서 인간적인 것의 차원을 이제 완전히 시대착오적인 것으로 떼어내서 이것도 진보적인 것으로 찬미하는 이유가 되지는 않는다. 오늘날 목소리 큰 오락 비평가들이 우리에게 자꾸 믿게 만들려고 하듯이, 문학이란 단순히 '위트와 이성의 즐거움' 이상이기 때문이다.

문학은 마음을 가다듬게 도와준다. 그리고 독자에게 생기를 불어넣고, 인간적으로 만들고, 뜻 깊은 삶을 가능하게 하는 모든 것을 지지하는 한에서 문학은 살아남는다.

헤세는 죽기 1년 전에 한 여성 독자에게 이렇게 썼다.

　　모든 예술, 무엇보다도 시문학은 만족을 줄 뿐만 아니라, 삶을 견뎌내고 고난을 극복할 때 위안과 정화, 경고, 도움, 강화로서 삶에 직접 영향을 미치는 데 대한 자기 존재의 정당성을 입증해야 합니다.

인간이 영혼을 지배하지 않고도 놀랄 만큼 지성을 연마할 수 있다는 사실이 우리 세기에 헤세에게는 삶에 대한 근본 체험이었다. 이러한 불균형에 맞서는 것이 그의 가장 커다란 관심사 중의 하나였다.
1949년 어느 사업가의 편지에 답하는 글에도 그런 사실이 드러난다.

　　오늘날 모든 예술의 가장 중요한 기능은 아마 우리의 분주한 일상생활에 어느 정도 혼이 깃들게 하고, 거대한 메커니즘에 맞서 인간적인 것과 유기적인 것의 척도와 가치를 내세우는 것일 겁니다……

　　우리는 가능하다면 우리 내부의 중심을 지키려고 합니다. 이러한 무게중심은 무의미한 원심 운동에 휩쓸리지 않도록 막아줍니다. 점점 더 격렬해지는 이러한 원심 운동은 모든 정치에서도 멀어진 채 빠른 속도로 분주하고도 불안정하게 자신의 견해를 피력합니다.

바쁘게 살아가는 현대인들에게 이보다 더 나은 지침이 있을까?

1999년 9월, 프랑크푸르트 암 마인에서 폴커 미헬스

| 옮긴이의 글 |

 이 글을 모은 폴커 미헬스는 프라이부르크와 마인츠 대학에서 의학과 심리학을 전공했다. 1970년부터 독문학 강사 생활을 하면서 여러 작가들의 작품을 출판하고 편집하는 일을 맡았는데, 특히 헤르만 헤세의 유고집, 편지, 정치와 문화를 비판하는 저서를 출판하는 일에 헌신했다.
 헤세는 우리에게 매우 친근한 작가다. 괴테, 하이네, 릴케, 토마스 만, 카프카와 함께 독일 문학을 대표하는 작가로 일찍부터 우리에게 소개되었다. 1960년대 미국에서 히피들에게 《황야의 이리》가 경전으로 떠받들어지면서 헤세의 이름은 일본을 거쳐 우리나라에 알려졌고 1970년대 장발, 청바지, 통기타 문화에도 적지 않게 영향을 끼쳤다. 특히 《수레바퀴 밑에서》나 《데미안》은 우리나라에서 가장 사랑받는 작품 가운데 하나가 되었고, 젊은이들이 기성세대에 반항하며 새로운 삶을 모색하게 했다.

이 책에서 우리는 인간의 영혼에 다가가려는 헤세를 만날 수 있다. 이 책은 '인간과 자연에 관하여' '예술과 문화에 관하여' '인격의 발전을 위하여' '우리 내부의 현실에 관하여' '기쁨, 행복, 명랑함과 유머에 관하여' '삶의 의미로서의 헌신에 관하여' '고찰과 몰입에 관하여' 등 소제목으로 나누어놓아 주제별로 헤세의 다양한 메시지를 접할 수 있다.

'인간과 예술에 관하여'에서 헤세는 대학에서 지식이 아니라 지혜를 가르칠 것을 요구하며, 자연을 보고 놀라워할 줄 알아야 한다고 주장한다. 놀라워하는 길에서 한 순간 분리의 세계에서 벗어나 통일의 세계로 들어서기 때문이다.

어느 편지에서 그는 이렇게 말한다.

세상이 암울하고 악마처럼 우리를 위협한다고 해서 겁을 내거나 불쾌해해서는 안 됩니다. 내일 세상이 멸망할 것인가 하는 문제는 우리가 걱정할 일도 책임질 일도 아닙니다. 하늘에 떠 있는 멋진 구름 한 조각만으로도 우리는 이 세상에 사는 동안 우리에게 즐거움을 주는 것을 향유하고 찬미해야 합니다. 또한 우리는 그렇게 하고자 합니다.

헤세에 의하면 예술은 이념이 아니라 삶에 기여한다. 예술은 잠이나 꿈과 같은 기능을 하며, 예술은 종교와 달리 인간의 윤리적 안

내자가 아니라 전혀 다른 생물학적인 욕구에 기여한다. 그리고 애정이 없는 독서, 외경심이 없는 지식, 가슴이 없는 교양은 정신에 반하는 가장 나쁜 죄악 중의 하나다. 성자와 기사의 덕목인 명랑함이 아름다움의 비밀이며, 예술의 본질적인 실체다.

《나르치스와 골드문트》에서 헤세는 이렇게 말한다.

> 의미 있는 삶의 목적은 우리 내면의 소리에 귀 기울이고 이에 따르는 것이다. 그러므로 그 길은 자신을 인식하는 것이다. 하지만 그 길은 자신에 대해 판단하고 자신을 변화시키려고 하는 것이 아니라, 예감으로 우리 내면에 이미 주어진 형상에 되도록 우리의 삶을 접근시키는 것이다. 우리는 유한한 존재이고 변화해가는 가능성이다. 우리에게 완벽함이나 완전한 존재란 없다. 하지만 잠재력에서 행동으로, 가능성에서 현실로 나아가는 곳에서는 우리는 참된 존재에 관여하고, 완벽하고 신성한 존재와 좀더 닮아간다. 즉 자아를 실현할 수 있다.

헤세는 인간을 고정된 존재, 완성된 존재, 일회적이고 분명한 존재기 아니라 무언가 되어가는 존재, 하나의 시도, 하나의 예감 및 미래이자, 던져진 존재이며 새로운 형식과 가능성에 대한 자연의 동경이라고 표현한다. 모든 어린이들은 끊임없이 영혼에서 유일하게 중요한 것, 자기 자신이나 주변 세계와의 수수께끼 같은 관계에 몰두한다. 탐구자와 현자는 성숙해감에 따라 다시 이러한 것에 몰두하게 되지만 대부분의 사람들은 이미 일찍이 이러한 진정 중요한 내적인 세계를 영원히 잊고 떠나서 근심과 소망, 목적이라는 가지각색의 미로에서 헤매게 된다. 이러한 목적 가운데 어느 것도 이들 마음속 깊은 곳에 자리 잡고 있지 않으며, 이들은 그중 어느 것도 자신의 마음속 깊은 곳으로 데리고 가지 못한다.

비록 평범하게 살아가는 사람이라 하더라도 생산적인 일을 하면서 기쁨을 얻는다면 그의 삶은 풍요로운 것이다. 우리가 내일에 대해 아무것도 요구하지 않고 오늘이 주는 것에 대해 감사하는 마음으로 받아들일 때만 행복이 존재한다. 그리고 행복을 체험하기 위해서는 무엇보다도 시간에 얽매이지 말아야 한다. 다시 말해서 희망뿐만 아니라 두려움에도 얽매이지 않아야 한다.

헤세는 한 편지에서 삶에 대해 이렇게 말한다.

우리는 삶에 의미가 있어야 한다고 말합니다. 하지만 그 의미는 우리 자신이 삶에 부여하는 만큼만 있을 뿐입니다. 개개인의 삶이란 불완전할 수밖에 없으므로 사람들은 종교나 철학에서 이 문제에 대한 답을 찾고 사람들을 위로하려고 했습니다.

답변은 모두 한결같습니다. 삶이란 사랑을 통해서만 의미를 얻는다고 말입니다. 더 많이 사랑하고 헌신할수록 삶은 그만큼 의미 있게 됩니다.

이처럼 권력이나 재산, 지식이 행복을 가져다주는 것이 아니라 오로지 사랑만이 행복하게 해준다. 사심 없이 자기를 버리고 사랑하는 마음으로 포기하고 동정심을 행동으로 나타낼 때 더욱 풍요로워지고 더욱 위대해진다.

헤세는 조언을 구하는 독자에게 실천적 행동을 위한 명백한 길을 제시하지 않는다. 대신 불안을 회피하지 말고 사회의 관습적 가치와 요구에 의문을 갖고 독단적 규범에 맞서 주체적 결단을 내릴 수 있도록 용기를 북돋워준다. 그는 무엇보다 시인의 입장에서 말했고, 보다 내밀하고 소홀히 하기 쉬운 고통과 희열을 알고 있었다. 그는 이 세상의 권력과 위신을 위한 투쟁에서나 통치 형태 및 사회 질서를 둘러싼 투쟁에서도 반드시 고려해야 할, 뚜렷이 드러나지 않지만 어쩌면 일상적일 수도 있는 사건과 경험에 주의를 기울인다.

■ 헤르만 헤세 연보

1877년 7월 2일 : 독일 남부의 뷔르템베르크 주의 작은 도시 칼브에서 개신교 선교사인 요하네스 헤세의 아들로 태어남. 요하네스 헤세는 선교사 임무를 마치고 출판사업을 했으며, 저명한 인도어 문화학자인 헤르만 군데르트의 딸인 마리아 군데르트와 결혼하여 헤르만을 첫 아들로 둠.
1881년 : 집안이 스위스 바젤로 이주. 그곳에서 부친은 바젤 선교학원에서 교사로 근무함.
1883년 : 부친이 스위스 시민권을 취득함.
1886년 : 집안이 다시 칼브로 돌아갔고, 헤르만은 그곳에서 초등학교에 입학함.
1890년 : 괴핑겐의 라틴어 학교에 입학하여 뷔르템베르크 지방 시험에 대비. 시험 자격 취득을 위해 헤르만의 부모들은 스위스 시민권으로 경신하고, 1890년 11월에 뷔르템베르크 주정부로부터 시민권을 취득케 함.
1891년 : 뷔르템베르크 지방 시험에 합격. 그해 9월에 마울브론 신학교에 입학.
1892년 : 7개월 만에 신학교를 자퇴. 작가가 되기 위해, 혹은 아무것도 되지 않기 위해 자유로운 생활을 시도, 자살 시도. 슈테텐에서 정신병원에 입원(6월부터 9월까지). 칸슈타트 고등학교에 다님.
1894년 : 칼브의 페로트 시계 공장에서 견습공 생활.
1895년 : 튀빙겐의 헤켄하우어 서점 점원으로 취직.
1899년 : 소설을 쓰기 시작함. 습작 소설 《고슴도치Schweinigel》를 썼으나 원고를 분실함. 처녀 시집 《낭만적인 노래Romantische Lieder》 《헤르만 라우셔Hermann Lauscher》 발표.
1901년 : 처음으로 이탈리아 여행. 플로렌스, 제노아, 피사, 베니스 등을 돌아봄.
1902년 : 시집 《시 모음Gedichte》 출간. 이 시집은 출간 직전 죽은 그의 어머니에게 헌정됨.
1903년 : 서적 관계 일로 다시 이탈리아를 여행. 서점 점원 생활을 청산하고 집필에만 몰두함. 그 후 베를린 피셔 출판사로부터 작품 집필을 의뢰받고 소설 《페터 카멘친트》를 탈고함.
1904년 : 소설 《페터 카멘친트Peter Camenzind》를 피셔 출판사에서 출판하여 신진 작가의 지위를 확보함. 8월에 아홉 살 연상인 마리아 베르누이와 결혼. 9월에 콘스탄체 호반의 가이엔호펜 마을에 있는 빈농가로 이사하고 작가생활을 시작함. 소설 《보카치오Boccaccio》 《아시시의 성자Franz von Assisi》 출간.
1905년 : 소설 《수레바퀴 밑에서Unterm Rad》를 피셔 출판사에서 출간. 빌헬름 2세의 권위에 노골적으로 도전하는 진보적인 주간지 《3월März》 창간에 참여하여 1912년까지 공동 편집자로 활동함.
1907년 : 중편소설 《이 세상에서Diesseits》 출간.
1908년 : 단편집 《이웃 사람들Nachbarn》 출간.
1909년 : 차남 하이너 출생.
1910년 : 소설 《게르트루트Gertrud》 출간.
1911년 : 시집 《길가에서Am Weg》 출간. 3남 마르틴 출생하였고, 친구인 화가 한스 슈투르체네거와 함께 인도 여행. 가정생활의 파탄을 타개하기 위해 연말에 귀국함.
1912년 : 단편 소설집 《에움길Umwege》 출간.
가족들과 함께 스위스의 베른 교외로 이사.
1914년 : 결혼 문제를 주제로 한 소설 《로스할데Roshalde》 출간. 7월에 제1차 대전이 일어나 베른의 '독일 포로 후생 사업소'에서 일함.
전쟁 중에 전쟁을 비판하는 글을 신문에 발표하여 독일 국민의 반감을 샀으며, 또한 독일 저널리즘에서도 배척당함.
1915년 : 소설 《크눌프. 크눌프 삶의 세 가지 이야기Knulp. Drei Geschichten aus

dem Leben Knulps》, 시집 《고독한 자의 음악Musik des Einsamen》, 단편집 《청춘은 아름다워라Schön ist die Jugend》를 간행.
1916년 : 3월 부친 요하네스 헤세 사망. 부인 마리아의 정신병이 악화되고 막내 아들 마르틴이 병에 걸리자 자신도 심한 신경쇠약에 시달려 유명한 심리학자 C. G. 융의 제자인 랑 박사의 정신 요법 치료를 받음.
1919년 : 《데미안, 어떤 청춘의 이야기Demian. Die Geschichte einer Jugend》를 '에밀 싱클레어'라는 이름으로 발표하여 호평을 받았으며, 신인으로 오해되어 폰타네 상이 수여되었으나 이를 사양하고 9판부터 저자의 이름을 헤세로 밝힘. 이 외에 《동화Märchen》《차라투스트라의 귀환Zarathustras Wiederkehr》을 간행. 4월에 베른을 떠나서 테신 주의 몬타뇰라로 이사.
1920년 : 수채화 시문집 《방랑Wanderung》《화가의 시Gedichte des Malers》, 평론집 《혼돈을 들여다보기Blick ins Chaos》, 소설 《클링조어의 마지막 여름Klingsors letzter Sommer》 출간.
1922년 : 장편소설 《싯다르타Siddhartha》 출간.
1923년 : 산문집 《싱클레어의 수첩Sinclairs Notizbuch》 간행.
9월 4년 전부터 별거 중이던 부인 베르누이와 이혼. 스위스 국적 취득.
1924년 : 루트 벵어와 결혼.
1925년 : 소설 《요양객Kurgast》 출간. 가을 남독일 강연 여행.
뮌헨에서 토마스 만을 방문.
1926년 : 독일 프로이센 예술원 문학분과 국제위원으로 선출됨.
기행문집 《그림책Bilderbuch》을 출간.
1927년 : 소설 《황야의 이리Steppenwolf》, 산문집 《뉘른베르크의 기행Nurnberger Reise》 출간. 후고 발 출판사에 의해 헤세의 50회 생일 기념으로 그의 자서전이 출간됨. 두 번째 부인 루트 벵어의 요청으로 합의 이혼.

1928년 : 산문집 《관찰Betrachtungen》《위기, 일기 한 토막Krise. Ein Stück Tagebuch》
출간.
1930년 : 소설 《나르치스와 골드문트Narziß und Goldmund》 출간.
1931년 : 프랑스 귀화인이며 역사학자인 니논 돌빈과 결혼.
산문집 《내면으로 가는 길Weg nach innen》 출간.
1932년 : 산문집 《동방순례Die Morgenlandfahrt》 간행.
소설 《유리알 유희》 집필 시작.
1933년 : 소설 《작은 세계Kleine Welt》 출간.
1934년 : 스위스 최고 권위의 문학상인 '고트프리트 켈러 문학상'을 수상,
시 선집 《생명의 나무에서Vom Baum des Lebens》 출간. 동생 한스 자살.
문학 계간지 《노이에 룬트샤우Neue Rundschau》에 《유리알 유희》 발표
시작.
1935년 : 《우화집Fabulierbuch》 간행.
1936년 : 시집 《정원에서 보낸 시간Stunden im Garten》 출간.
1937년 : 산문집 《기념첩Gedenkblätter》, 시집 《신시집Neue Gedichte》 간행.
1939년 : 제2차 세계대전 발발. 나치스의 탄압으로 헤세의 작품들은 몰수되고 출
판이 금지됨.
1942년 : 《신시집Neue Gedichte》 스위스에서 출간.
1943년 : 소설 《유리알 유희Glasperlenspiel》 출간.
1946년 : 프랑크푸르트의 괴테상과 노벨 문학상을 받음.
정치적 평론집 《전쟁과 평화Krieg und Frieden》 출간.
1947년 : 베른 대학에서 명예 문학박사 학위를 받음.
1952년 : 독일과 스위스에서 헤세 탄생 70주년 기념행사. 주어캄프 출판사에서
《헤세 전집 Gesammelte Schriften》 전6권을 출간.

1954년 : 산문집 《픽토르의 변신 Piktors Verwandlungen》 출간.
　　　　 서한문집 《헤르만 헤세와 로망 롤랑의 서한집 Briefwechsel. Hermann Hesse - Romain Rolland》 간행.
1956년 : 바텐 뷔르템베르크 지방의 '독일 예술 발전협회'에 의해 '헤르만 헤세상' 창설.
1957년 : 탄생 80주년 기념사업으로 이미 간행된 《헤세 전집》 6권을 증보하여 《헤세 전집》 7권 출간.
1962년 : 85세로 8월 9일 뇌출혈이 일어나 몬타뇰라에서 세상을 떠남.
1966년 : 9월 부인 니논 71세로 사망함.